아포리즘 cafe

지혜의 벗

유 정 인 글

이 노 랩
InnoLab.

아포리즘 cafe

발행 2022년 10월 20일
지은이 유정인 (필명)
발행인 이노랩 InnoLab.
발행처 이노랩 InnoLab.
주소 서울특별시 용산구 청파로 40, 1620
전화 02-2654-0786
팩스 02-6351-8166
전자우편 jasonryoo@naver.com
홈페이지 band.us/@humanature

visionreale@gmail.com
facebook.com/jasonryoo
band.us/@jasonryoo

제목 글씨체 / **국립공원 반달이**

목 차

아포리즘 aphorism의 이해 4
아포리즘 쓰기 7

일상의 명상 15
   앎의 패러다임 54

사랑에 대하여 73

세계와 나 127
   직심直心 141

기쁨과 즐거움 181

있는 것과 없는 것 235
   마음의 이름 275

아포리즘 aphorism
지혜의 벗

아포리즘 aphorism의 이해

아포리즘은 알기 쉬운 진리와 지혜의 말이다. 이 것은 가벼운 생활의 팁 tip에서부터 우주 자연과 인생을 관통해 흐르는 명료한 철학을 함께 담고 있다. 상상과 사유의 자유 공간이다. 세계는 진리 적 명제로 구성되어 있으므로, 이를 아는 것이 세 계를 아는 지름길이다. 우리의 앎은 세상의 진리 체계를 자신이 가진 인식체계로 쫓아가는 과정이 라고 볼 수도 있다.

진리체계는 세계를 모사한 진리적 명제들과 그것 의 조화로운 구성이라고 할 수 있다. 이들은 멀리 있는 것이 아니라 우리의 생활 속에 있다. 아포리 즘은 이 명제들을 쉽고 친절하게 말해 준다. '아포 리즘 cafe'는 일상 가운데서 늘 솟는 지혜의 샘처 럼 우리에게 활력과 위안을 선물할 것이다. 짧은 시간에서도 자연과 진리와 만나며 자신과 진솔한 대화를 할 기회를 가지게 할 것이다

우리의 삶은 진리를 받아들여 내 것으로 만드는 과정이라고 할 수가 있다. 진리를 아는 첫걸음은

세상의 사실과 '직면'하는 일이다. 세상의 진실을 직면하는 지혜와 용기에 진리는 자신을 보여준다. 그 진리란 모든 것에는 그만한 '이유 reason'가 있다는 것과 그것이 자연 원리적이라는 사실이다. 우리의 일은 본래의 자연 원리를 찾아내어 진리로 돌아가는 것이다. 그리하여 내가 나 되는 삶을 이루어가는 일이다.

아포리즘 aphorism은 삶의 체험적 진리를 간결하고 압축된 형식으로 나타낸 짧은 글이다. 삶의 본질과 원리를 간단명료하게 말한 글이라고 할 수가 있다. 누구나 공감하고 사랑하는 금언과 같다. 그래서 평범한 언어 속에서 철학적 깊이를 가진다.

우리는 매 순간 선택을 하므로 삶은 작든 크든 과제를 해결하는 과정이다. 늘 만나는 다양한 과제를 풀 수 있는 뚜렷한 기준이 있다면 우리의 삶은 훨씬 유쾌할 수가 있다. 이 뚜렷한 기준이나 열쇠를 아포리즘 속에서 찾을 수가 있다.

세상은 본질로서 '실체'와, 겉모습으로서 '현상'으로 구성되어 있다고 볼 수가 있다. 실체는 원리를 통해 자신을 현상해 보인다. 아포리즘 aphorism 은 실체가 어떻게 현상과 연결되어 있는지를 알기 쉽게 말한다.

우리는 원리를 통하여 '현상'을 이해하고 '실체'를 아는 것이다. 아포리즘 aphorism은 알기 쉬운 원리적 표현들이다. 원리를 앎으로써 현상을 빠르게 이해하고 실체를 정확히 파악할 수 있게 한다. 아포리즘은 본질과 현상을 친숙한 일반언어로 표현한다. 우리는 아포리즘을 통해 이 둘을 모두 볼 수가 있다.

아포리즘은 우리에게 '지혜의 눈'을 가지게 돕는다. 삶의 원리를 알기 쉽게 정의함으로써, 우리에게 명료한 지혜와 지침을 선물한다. 자연 원리적이므로 유연하다. 그래서 아포리즘은 글 자체에 매이지 않고 원리로 이해하면 활용성이 풍부한 지혜가 됨을 알 수가 있다.

아포리즘은 경험 속의 진리적 명제로 판단의 기준을 제공한다. 과거형 지식이 아니라 유연한 현재와 미래형 지혜이다. 오랜 경험으로 얻어진 '원리적 앎 causal cognition'이다.

'아포리즘 cafe'는 이러한 개념을 염두에 두고 탄

생했다. 생활 세계를 바탕으로 한 진리적 명제들이자 삶의 보편적 지침들의 모음 같은 것이다. 비유하자면 유연한 활용성을 발휘할 수 있는 수학의 공리 公理 axiom 나 정리 定理 Theorem 와 같은 진리적 명제를 함축하고 있다.

그러나 수학과는 달리 무궁한 활용도를 가진다. 보편적인 진리의 척도는 유연하며 일상생활에 널리 활용할 수 있기 때문이다. 청년에게는 미래를 만들어 가는 유용한 생각의 벗으로, 기성세대에게는 공감과 지혜를 주는 친구가 될 수 있다.

가능한 한 직접 아포리즘을 써 보기를 권한다. 아포리즘은 자기의 경험으로 터득한 '원리적 앎 causal cognition'이다. 생활에서 검증된 진리적 명제로 판단의 아이디어를 준다.

일상에서 만나는 과제에 대한 다양한 답을 스스로 써 보는 일은 자기의 소중한 지적 자산이 될 수 있다. 이 책의 여백에 때때로 떠오르는 창의적 단상이나 아이디어를 기록해 자기 것으로 만드는 것도 방법이 될 수 있다. 이때 자신이 마련한 아포리즘은 생활 속에 늘 함께할 수가 있는 지혜의 벗이 될 수 있음을 알 수가 있다.

아포리즘 쓰기

아포리즘은 세계에 대한 간결하고 의미 있는 해석들이다. 세상의 다양한 면모에 대해 1대 1의 간단 명료한 문장으로 최적의 해법을 제안한다.

먼저 '정의형'의 아포리즘은 'A는 B다'로 표현될 수 있다. 어떤 상황의 핵심을 간결하고 명확히 정의하여 그 속에서 해법을 볼 수가 있게 한다.

예컨대 '유능한 사람은 늘 배우는 사람이다'의 형식이다. 잘 정의된 명제는 이미 그 속에 답을 가지고 있다. 아포리즘 자체의 지혜뿐만 아니라, 상황을 해석하는 원리를 말해 준다. 원리를 앎으로써 스스로 참된 명제를 만들어 다양한 경우에 활용할 수가 있다.

다음으로 '해법 제시형' 아포리즘은 'A라면 B이다'와 같은 조건과 답을 가지는 형식이다. 원인과 결과, 문제와 답을 뚜렷이 대비해 보여줌으로써 극적인 이해로 이끈다. 예컨대 '사랑스러운 눈을 갖고 싶다면 좋은 것을 보아라'이다. 여기서 문제와 답의 관계를 원리적으로 연결하는 법을 알려준다.

아포리즘은 어떤 문장이든 'A는 B와 같다'는 뜻이다. A가 B가 되는 원리적 지름길 shortcut을 알

려준다. 이 과정에서 예상했던 결론이나, 예기치 않았던 해법, 때로 극적인 반전 가운데 흥미로운 지적 체험을 할 수 있다. 또 A는 B가 될 수도 있지만 C나 D로도 될 수가 있는 새로운 생각의 공간을 창조하는 즐거움을 가질 수가 있다.

아포리즘은 소박한 일상의 언어와 간단한 문장 구조로 우리를 자유롭게 만든다. 적당한 긴장과 유쾌한 이완을 같이 선물한다. 또 이 정도의 간단한 문장이라면 나도 만들 수도 있겠다는 자신감을 갖게 한다.

실제 아포리즘의 최종적 목적은 자신이 필요한 지혜를 스스로 간결한 명제로 만드는 데 있다. 자기가 가진 당면한 과제들을 합리적으로 '정의'하고 답을 얻는 일이다. 삶을 좀 더 합리적이고 창조적으로 이끄는 방법이다. 아포리즘을 직접 만드는 것은 이 일을 즐겁게 하는 과정이 된다.

그러나 처음의 자신감은 계속 유지하는 것이 필요하다. 스스로 구성한 명제와 '멋진' 문장이 여기저기에서 허점이 생기기 시작하기 때문이다. 이것은 당연한 결과이다. 진리는 전체로 있기 때문이다. 우리는 부분적인 작은 애로들을 이겨내는 가운데 전체를 얻을 수가 있다. 도전과 시도 속에서 실력이 늘고 성공체험이 쌓이게 된다.

대상을 다 각도로 봄으로써 사실을 전체로 이해하는 데 익숙해지기 때문이다. 한 면만 보지 않고, 보던 방법으로만 보지 않고, 여러 면을 두루 보게 되면서 사실의 참모습을 깨닫기 때문이다. 그래서 미처 생각지도 못한 공간에서 창조적 답을 발견한다. 진실은 입체로 있기 때문이다.

우리가 매 순간 만나는 크고 작은 일의 판단과 선택은 우리의 일상사이다. 그런데 이에 대응하는 방식은 똑같은 대상을 두고서도 사람마다 다를 수가 있으며, 그 성과도 천차만별인 경우가 많다. 이 차이를 관찰해보면 그 결과를 결정하는 명백한 분기점들이 있음을 알 수가 있다.

가장 먼저는 상황을 바라보는 '태도'이다. 태도는 여러 요소의 종합적인 결과이다. 거기엔 세계관과 사회관과 자아관이 바탕하고 있음을 알 수 있다. 태도를 결정하는 토대가 넓고 튼튼하며 건강할 필요가 있음을 알게 된다.

태도가 모든 것이다

Attitude is everything

태도는 어떤 경우든 결정적 '분기점'이다. 대상을 보는 시각과 착안점을 결정하기 때문이다. 태도는 시작의 시작이 된다. 우리가 많은 열정과 노력을 쏟는 '앎'의 출발점이 의외로 이곳에 있음을 알게 되면 놀란다. 그리고 이것이 사실임을 곧 이해하게 된다. 우리가 아는 마음의 단련과 인간적 성숙의 내용도 대부분 여기에 있다.

다음은 합리적인 사실 판단이다. 이것은 눈에 보이는 '현상'의 이면에 있는 '원리'를 이해하는 일이다. 즉 원인과 결과를 연결 짓는 '원리적인 앎'을 얻는 과정이다. 이것은 시행착오 속에서 이루어지는 과학적이고 비판적인 생각 속에서 단련된다. 부단한 '변증법적 과정'을 거치며 점점 근본적인 원리로 다가간다. 변증법은 작은 진실을 발전시켜 큰 진리에 이르는 과정이다. 이것은 매우 놀랍고 흥미로운 체험이 될 수가 있다.

이것은 흔히 귀납적 인식 또는 귀납적 사고실험이라고 불리는 과학적인 앎이다. 그러나 이것 역시 출발점인 '태도'에 따라 그 노력의 결과는 천차만별로 달라짐을 알 수가 있다.

그다음은 가치판단의 자기관리이다.

누구나 고유한 취향과 선호가 있기 마련이다. 또 적절한 정도로 주위와 조화도 필요하다. 그러나 주위의 분위기나 압력에 휘둘리지 않는 합리적이고 비판적인 사실 판단은 늘 견지해야 한다.

우리의 생각의 중심은 진실과 진리에 바탕한 합리적인 '사실 판단'이어야 한다. '가치판단'은 부차적이며 조정적 판단에 머물러야 함을 알 수가 있다. 이 지점에서 우리는 자주 혼선과 갈등을 가진다. 주위에서 사기적 꾐이나 사이비 종교나 다단계의 상술에 빠져 패가망신하는 사례를 드물지 않게 보게 되는 것은 이 때문이다.

그러므로 자기에게 필요한 '아포리즘'을 직접 써 보는 것은, 합리적 삶을 추구하고 불합리한 삶을 멀리하여 안정되고 윤택한 삶을 이루기 위한 기본적 노력이 될 수 있다.

아포리즘은 마음으로 새기기에 앞서 직접 글로 쓰는 일은 매우 효과적인 '자기 계발'의 방법임을 알 수 있다. 어린 시절 써 보았던 일기와는 달리 주제와 방식과 시간에 구애됨 없이 자유롭게 생각을 정리해보는 일이다. 자꾸 쓰면 자꾸 느는 것이 지혜와 글이다. 이것은 자기와의 대화이며 자기 이해이다. 또 자기 위로와 자기 계발을 모두 겸할 수 있다. 결국은 '세상의 본질적 원리'에 도달하는 유력한 지름길이 될 수가 있다.

한 주제에 대하여 '왜 why'를 3차례 정도 자문하면서 검증된 답을 구한다면, 우리는 적어도 그 주제의 '본질'에 가까이 다가갈 수가 있다.

오늘날 4차 산업혁명의 시대에는 지식과 정보가 중시된다. 그러나 지식과 정보는 어떤 원리의 결과물일 뿐이다. 이들은 새롭고 더 효율적인 원리가 발견되면 곧 쓸모없는 것이 된다.

변화가 빠른 오늘날 우리에게 정말 필요한 것은 늘 변하는 지식과 정보가 아니라, 이를 낳아주는 변하지 않는 '원리'임을 이해할 수 있다. 이것의 구체적인 모습이 아포리즘 aphorism이라 할 수 있다. 아포리즘은 '원리적 앎'이다.

욕심을 많이 내지 않고 소박하게 한 줄씩 자기만의 아포리즘 써 보면, 누구나 공감할 수가 있는 보편적 원리나 공리를 스스로 얻게 될 수 있다. 이 책 '아포리즘 Cafe'와 그 여백들은 기꺼이 이를 위한 공간이 되어 줄 것이다.

일상의 명상

See as it is

나 되어 있다면
그것으로 충분하다

11

있는 그대로를 보라
이것으로부터 모든 일과
모든 지혜가 시작된다

23

사실은 바꿀 수는 없지만
태도는 바꿀 수가 있다
사실은 내 밖에 것이지만
태도는 내 안의 것이기 때문이다
태도가 새로운 세상을 연다
태도가 오늘이자 내일이다
태도가 전부일 수 있다
Attitude is everything

31

앎에는 어떤 전제도 없다
있는 그대로를 보는 것이다
있는 그대로를 볼 때 진실이 보인다
진실을 알 때 방법이 보인다

51

내가 나 되는 길을 찾아라
참된 앎은 내가 나 될 때 시작된다
참된 길은 내가 나 될 때 보인다

41

인간 존재는 자연의 일부이며, 인간 정서는 자연
적 사건들이다. 모든 자연적 사건들과 마찬가지로,
그것들은 자연법칙에 따라 일어나며, 그 법칙에
의해 이해될 수 있다.
-스피노자

63

진리는 특별하지가 않다
극히 일반적이다
복잡하지가 않다
단순 명료하다
자연은 오직 소박할 뿐이다

73

모든 존재는
내가 나 됨을 열망한다
금은 금대로
은은 은대로
생명은 생명대로
그 열망을 사랑하고 존중 하여라
이것이 삶의 시작이며 모두다

82

당신은 다만 당신이란
이유만으로도
사랑과 존중을 받을
자격이 있다.
-앤드류 매튜스

93

정신은 물질을 따른다
물질은 정신을 따른다
마음은 몸을 따른다
몸은 마음을 따른다
이 둘은 본래 하나이기 때문이다

101

너 자신이 되어라
다른 사람은 이미
누군가가 차지했으니까
-오스카 와일드

111

닫지 말고 열어라
묶지 말고 놓아라
갇히지 말고 자유로와라
혼자서도 넉넉하여라

바람 처럼 자유로울 때
물결 처럼 부드러울 때
마음은 제길을 간다
스스로 제길을 찾아 간다

121

내가 나 될 때 진리 가운데 선다

어디서든 나로 서면 진리를 보리라
수처작주 隨處作主 입처개진 立處皆眞
－임제록

133

몸과 마음 I

생명은 몸과 마음을
빌어 자신을 표현한다
몸은 생명의 물리적 자기 표현이다
마음은 몸의 요구 needs를 표현한다

몸을 이해하는 것은
마음을 이해하는 것이고
마음을 이해하는 것은
몸을 이해하는 데 있다

몸을 이해하는 것은
생명을 이해하는 것이고
생명을 이해하는 것은
자연을 이해하는 것이다

143

존재와 소유

인간은 그 자체로 자연의
큰 축복을 받은 생명이다
훌륭히 잘 갖추어진 존재이다
보면 볼수록 경이로운 존재이다

인간은 가장 큰 축복을 받은 생명이다. 조화로운
지성과 감성의 윤택한 바탕을 가지고 태어났다.
이 사실을 충분히 자각한다면, 자기의 잠재력을
풍부하게 가꿀 동기를 얻는다. 그런데 이 명백한
사실을 제대로 이해하는 사람은 드물다.

자기로 온전히 존재하는 일의 참가치를 모르면,
무언가를 가져와 채우려는 결핍감에 시달리기가
쉽다. 이 때문에 경쟁은 심해지고, 무언가 새롭게
갖추어야 하고 소유해야 하는 강박으로 내 몰린
다. 인간인 자신과 이웃만큼 가치로운 '존재'는 없
는 데도 이를 챙기지 못하고, 새로운 '소유'를 찾
아 또 하루를 산다.

151
마음은 생명의 원리에 따라 약동한다
명상은 몸과 마음의 약동을 읽는 일이다
생명의 원리를 이해하는 과정이다

161

무엇이 되려 하지 말고
먼저 자신이 되어라
명상은 깨어 있는 삶이다
나 되어 존재하는 자기의식이다

65

과학은 당연한 것을
의심하는 데서 시작한다
혁신은 익히 아는 앎을
버리는 데서 시작된다

171

명상은 내가 나 되는 것이다
일상의 언어 속에 명상이 있다

18

진리는 좋고 싫음을 가리지 않는다
곱고 미움도 따지지 않는다
햇볕과 바람이 산과 들을 가리지 않듯이

191

사람이 바람직하게 변화하는 것은
인간적인 성숙 말고는 달리 길이 없다
인간적인 성숙은 마음의 원리에 대한
충분한 이해 말고는 달리 방법이 없다

201

명상은 대상을 바로 보는 것이다
몸과 마음으로 보는 것이다
내 안과 밖의 진실을 보는 것이다

대상은 있는 그 대로 볼 때
바르게 볼 수가 있다
진실은 직시할 때
바르게 알 수가 있다

바르게 본다는 것은
본래 그대로를 보는 것이다
있는 그대로를 아는 것이다
몸과 마음으로 아는 것이다

213

진리에 대한 믿음이 진리로 이끈다
그러므로 진리를 신앙으로 삼아라
이치 타당한 합리가 진리다
확률 높은 원리가 진리다

223

Royal Road

진리는 가장 뚜렷한 지름길이다
진리가 인간을 구원한다
본질이 인간을 윤택하게 한다
다양한 의견과 방법
그 속에 숨겨진 진실과 거짓 사이에서
진리는 보다 효율적 길을 발견하도록 돕는다
진리의 길은 자연 원리로
이미 당신 안에 있다

231

나로 서면 열린다
나로 서면 보인다
나로 서면 자유롭다

241

자기로 설 때 열린다
열릴 때 커진다

자기로 설 때 안다
알 때 자유로워진다

Open minded
내가 나 될 때 비로소 세상이 보인다

홀로 서야 자유인이 된다

251

자존감이 낮으면
자기 비판을 할 여유가 없다
자기 비판을 할 수 있을 때
자기 성장을 할 수가 있다
자기 성장을 할 때
자존감을 가질 수 있다

자존감은 밖에서 얻는 것이 아니라
스스로 가지는 것이다
자기가치는 만들어지는 것이 아니라
본래 부터 있는 것이다
누구나 처음 부터 가진 것이다
이를 아는 것이 자존감의 근본이 된다

261

하늘 처럼 땅 처럼
소박할 때 홀로 선다
하늘과 땅이 돕기 때문이다

271

자신이 누구냐 에 대한
자기의 응답이야말로
자기 삶의 시작이다

현대 철학에선 자신을
'주체적 의지'로 이해한다
곧 '나이고자 하는 의지'이다

281

사람은 가치를 쫓아 산다
어떤 경우에도 나로서 충분함을 아는
자기 가치 의식이 필요하다
먼저 자신의 가치 의식을 점검하자
이 본원적 자존감이 존재의 이유다

남의 시선과 평가에
쉽게 상처 받는 것은

자신에 대한 가치의식이 허약해서이다
자기의 중심이 자기가 아닌
밖으로 자꾸 향하기 때문이다
외적 가치나 겉멋에 자기의 중심을
두고 살아 온 습관 때문이다

가치 기준을 자신 안에 두어라
자기 인식 세계를 크게 키우는 일이다
가치 기준을 자기 밖에 두면
중심이 흔들릴 수 밖에 없다
자기 가치 의식이 자존감이다
자신의 냉정한 평가자는
남이 아니라 자신이어야 한다

291

자신의 생각이 틀릴 수가 있다는
사실을 받아들일 때
자기 성장을 기할 수가 있다
자신과 남의 '실수'에 흔들리지 않을 때
자신은 성숙한다

301

자연은 뿌린 대로 거둔다
인간의 모든 문제와 갈등은
뿌린 것 이상 얻어려는 데 있다

313

우리의 가치는
우리의 차이 보다
1만배는 크다

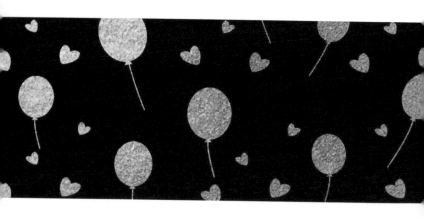

325

현상의 질곡에서 벗어난 자유는
본래 나 대로 사는 삶에서 얻어진다
간결하고 소박한 본연의 마음을
내 것으로 하는 삶이다

삶의 번민은 대추나무 연 걸리 듯
생각과 판단이 번다해서
생기는 현상일 뿐이다
이것이 삶의 질곡이다

현상을 쫓지 말고 본질을 보라
밖과 남을 보지 말고 안과 나를 보라
내가 주인이고 내 안에 모든 것이 있다
나의 발견이 자존의 발견이다

335

가만 보니
살다 보니
이것도 아니고
저것도 아니고
이것만도 아니고
저것만도 아닌
전부이더라

가만 보니
살다 보니
너도 옳고
나도 옳고
너만도 아니고
나만도 아닌
모두이더라

365

박식함은 지식을 주지만
내가 나 된 진심은 지혜를 준다
진심은 진리와 통하기 때문이다

371

멈추면 보인다
고요하면 들린다

381

인생은 자기와 만나는
순간부터 시작된다
자기와 늘 진솔하고
정다운 삶이 행복한 삶이다
나는 나에게 진솔하고
정다운 사람인가

391

무엇이 되려 말고 내가 되어라
무엇으로 살려 말고 나로 살아라
내가 나되어 사는 삶이 진짜다

401

내가 나되는 길

중심을 남에게 두지마라
나에게 두어라
가치를 밖에서 찾지마라
내 안에서 찾아라
밖에 기대지 말고
나에게 기대라
이것이 내가 나 되는 시작이다

세계는 본래 있으되
나를 통해서 보여진다

세계는 스스로를 정의하나
나를 통해서 다시 정의된다
양자를 일치 시키는 것이 공부다

공부는 있는 그대로를 보는 것이다
보고 싶은대로 보거나
보아야 되는대로 보지말고
있는 그대로를 보라
그 바탕에 내 중심을 세워라
이것이 합리며 순리며 과학이다
내가 나 되는 유일한 길이다

그러므로 모든 일은
진실에서 시작해라
진실되어야 진실이 보인다
진실된 태도가 모든 것의 근본이다
진실된 마음이 모든 삶의 기초다
그러므로 진실로 돌아 가라
이때 나는 나로 통합된다
이때 내가 나 되는 것이다

411

이별 해야 만난다
이별 해야 새로워진다
새로워져야 산다

오상아吾喪我
자기와의 결별
-장자莊子

421

진실을 붙잡지 못하면
길을 볼 수가 없다
자신을 만나지 못하면
길을 찾을 수가 없다

431

나 되어 있어라
그것으로 충분하다

445

현실과 가상을 구분할 때
보다 현명해 질 수가 있다
자기기만을 벗어날 때 뚜렷이 보인다
오직 진실로 돌아 옴으로써
영혼은 구원 받을 수가 있다

461

올 가을에는 외로워 말아라
너에게 다정한 친구가 있으니
언제나 너에게 말을 걸고
늘 너에게 기대고 싶어
결코 너의 곁을 떠나지 않는 네가
다정한 친구 되어 있으니
자기를 만날 수 있는 자는 행복하다
자기를 격려할 줄 아는 자는 지혜롭다

475

우리는 사실을 있는 그대로 보지 않는다
자신의 방식으로 그것을 본다
이것이 모든 어긋남의 원인이다
사실에 직면하라
오직 있는 그대로를 보라
직면하면 답은 거기에 이미 있다

483

자기 연민은 스스로에게 느끼는 동정심을 의미한
다. 이것은 이웃에 대한 연민과도 통한다.
연민을 발전시키는 방법을 배우면, 남용하지 않는
한, 우리가 일상 생활에서 더 행복하고 만족한 삶
을 살 수 있도록 도와준다

494

자기 만족감은 가치관을 소박하게 가질 때 효과적으로 얻게 된다. 과시적 허영심은 결코 줄 수가 없는 선물이다.

자기 만족감은 스스로를 사랑으로 보살필 때 생겨난다. 이것은 자신의 내적 고통을 깨닫고, 그것의 의미를 이해할 수 있게 해 주며, 그것을 받아들이게 한다.

특히 일이 뜻대로 흘러가지 않을 때 자기 자신에게 너그러워지는 능력이다. 꼭 필요한 자기 치유의 과정이다.
이 모두가 자신의 최고의 교사이자 후원자는 자기 자신임을 말해준다.

503

인간의 기본적인 문제는 연민의 부족이다. 이 문
제가 지속되는 동안 다른 문제들이 계속 생겨날
것이다. 연민의 문제가 해결된다면, 행복의 기회를
잡을 수 있을 것이다.
-달라이 라마

513

정직이라는 거울에는
모든 것이 명료하게 보인다
바로 보이니 효율적이고 편하다
거짓은 거짓을 낳으니
거짓의 거울로는 참 세상을 볼 수 없다
정직할 가장 큰 이유이다
정직은 대상을 '직면'하는 것이다
있는 그대로를 인정하는 것이다
있는 그대로를 보는 것이다

521

지금 현재를 살자
순간순간이 과정이자 결과이다
깨어 있는 순간만이
의미 있는 삶이다

534

예술은 일종의 허구다
허구를 통해 진실을 만나는 것이다
그러나 진실을 바로 만나면
모든 것이 예술이 된다

541

나를 만나지 못하는 사람은 길이 없다
- 괴테

551

그와 나의 거리

고민 하지 마라
그건 그의 문제이다
고민 하라
이건 나의 문제이다

나무는 거리를 두어야
숲으로 자란다

561

자신에게 믿음을 가진 사람은
모든 것을 가진 사람이다

564

자유는 내가 나 되는 것
그가 그 되는 것
자기로 부터 비롯되는 이유다

진실로 자유로울 수 없으면
자유롭지가 않다
진실로 자유롭지 않다면
자유로울 수가 없다

먼저,
자기로 부터 비롯되는
이유를 찾아라
자기로 부터 비롯되는
속박을 벗어라

573

문제는 내 밖이 아니라 내 안에 있다
중요한 것은 사실이 아니라 나의 해석에 있다

581

생각이 많으면
근본에 이르지 못한다
나를 만나지 못하면
답을 얻을 수 없는 것처럼

593

내가 있어야 할 자리는
내가 욕망하는 자리가 아니라
나의 지금이 있어야 할 자리다
욕망하는 자리가 있다면
지금의 자리를 그렇게 만들어라
꼰지발로는 오래가지 못한다

605

진실은 자신을 늘 드러낸다
진실한 사람은 그것을 늘 본다
참된 사람은 그것을 늘 만난다

613

기대를 높이면 원망이 커지고
기대를 낮추면 감사가 커진다

623

참된 길이 평화의 길
참된 길이 행복의 길
진리가 참 되기 때문이다

633

자연의 원리를 안다면
나를 알 수가 있다
나를 안다면 남도 알 수가 있다

자연의 원리를 믿는다면
나를 믿을 수가 있다
나를 믿는 다면 남도 믿을 수 있다

645

빛나는 아침은
하늘에서 내려 온다
밤새 반짝이던 별빛을 모아

위대한 성취는
하늘에서 내려 온다
어둠 속에도 빛나던 지혜를 모아

655

스스로 충만할 때
온전히 비울 수가 있다
온전한 그릇이
온전히 비울 수 있는 것처럼

663

도움의 양면성

자신을 무조건 칭찬하는
사람을 경계하라
성장의지를 꺾는
사람일 수가 있다

자신을 무조건 지지해
주는 사람을 경계하라
자립의지를 자르는
사람일 수가 있다

달콤한 말은 의존심을 키워
성장과 자립을 저해할 수 있다

자연의 사랑은,

生之畜之 生而不有
생지축지 생이불유
爲而不恃 長而不宰
위이불시 장이부재

낳고 길러 생육하되
소유하지 않으며
위하되
기대하지 않으며
생장시키되
지배하지 않는다
-도덕경 10장

673

미래는 자신들의 꿈이
아름답다고 믿는 사람들의 것이다
- 엘리노어 루즈벨트

681

자기 객관화의 원리

자신에게 충분히 긍정적일 수 있을 때
자신에게 충분히 비판적일 수가 있다
자신에게 온전히 비판적일 수 있을 때
자신을 온전히 성장으로 이끌 수 있다

693

성공이든 실패든
경험만한 자산이 없다
성공의 체험은 자신감을 주고
실패의 교훈은 지혜를 선물 한다

703

진실은
배반하지 않는다
자신도 그리고 남도
진실 만한 신뢰의 기초는 없다

711

자신을 볼 수 있는 자가
세상을 본다

725

정답을 남에게 묻지 말라
자신에게 물어라
스스로 질문과 답을 구하는 용기와
과학적 사유 방법을 찾아라
정답은 자신이 찾는 것이다
자신에게 가장 적절한 답이 정답에 가깝다

734

매력적인 사람은
먼저 자신에게
매력적인 사람이다

743

자신을 믿으면 사람들도 믿는다
사람들이 믿으면 하늘도 믿는다

앎의 패러다임 변화

정보화 시대는 모두에게 지식과 정보의 홍수를 선물한다. 보다 본질적인 앎과 효율적 정보처리의 방식을 요청하고 있다. 지금처럼 지식과 정보 중심이 아니라, '원리적 앎'으로 인식의 방법이 바뀌고 있다.
이것은 단순한 지식적 세계이해가 아니라 원리적 세계이해이다. 원리적 앎은 앎의 목표를 지금까지의 '지식과 정보'에서 '원리' 중심으로 가져가는 일이다.

이것은 대상이 지닌 원리를 목표로 지식과 정보를 수용하는 방식이다. 요즘 주목받는 학습법인 '메타인지 meta cognition'와 유사하다. 대상이 가지고 있는 인과적인 원리를 의식적으로 함께 이해하는 '원리적 앎'이다.
지식과 정보는 변하기 쉬워 늘 최근의 것을 요구하게 된다. 또 고정된 지식과 정보는 선입관과 편견 등 인식 오류의 원인이 된다. 그래서 오래되어 쌓이게 된 지식과 정보는 비우고 새로운 지식과 정보를 받아들여야 하는 과제를 안고 있다. 비움과 채움의 두 .가지 과제를 효율적으로 해결할 근본적 대안이 '

원리적 앎 causal cognition'이라고 할 수 있다.

기존의 지식과 정보 중심의 앎이 가진 약점은 늘 부분이어서 편견을 넘지 못한다는 것과 고정되어서 쉽게 진부화된다는 점이다. 우리는 불완전한 편견 때문에 일생을 두고 비용을 지불하고 있다는 사실을 잘 알고 있다. '원리적 앎'은 '부분적 앎'을 넘어 직접 진실로 다가가도록 이끈다.

원리적 앎 causal cognition은 인식 과정에서 얻어지는 크고 작은 진리적 요소를 자신의 인식체계에 통합하는 과정이라고 볼 수가 있다.

앎을 '지식과 정보 데이터의 축적'을 통해 얻는 방식이 아니라, 잘 구성한 '인식체계'를 통하여 그때그때 적시 real time에 파악하고 해석하는 방식이다. 이것은 지금까지처럼 데이터를 축적하고 정리하는 부담을 대폭 줄여 인식 효율을 혁신적으로 높이는 장점이 있다.

이러한 앎의 방식은 누구나 부분적으로 하고 있고 최근엔 이 같은 방식으로 자연스럽게 바뀌고 있지만, 의도적이며 전략적으로 할 필요가 있다는 것이다.

이것은 앎의 질과 능률을 혁신할 수 있다. 4차 산업 혁명의 시대에 필요한 것은 이미 시효가 지나 진부

화된 기존의 지식과 정보에서 해답을 얻는 것이 아니라, 현시점의 지식 정보를 체계적이고 균형되게 처리하는 방법에서 해답을 얻는 것이다.

이것은 '원리적 앎'을 기반으로 얻어진다. 일상의 생활 현장에서도 진보된 정보처리 방법이 요구되는 시대를 우리는 살고 있다. 이것은 전혀 새로운 앎의 방식이 아니라, 이미 우리가 하는 것을 의도적이고 체계적으로 하는 것일 뿐이다. 이것은 시대의 요구이기도 하기 때문이다.

원리적 앎 causal cognition

누구나 현대를 정보의 홍수 시대라고 말한다. 여기에 더해 4차 산업혁명이라는 첨단의 기술들까지 가세하고 있으니, 지식이나 정보만으로 이 시대를 감당하기엔 불가능에 가깝다. 어떤 해법이 있을까?

'원리적 앎'은 현상 속에 있는 '원리'를 계획적으로 의식하며 앎을 얻는 방식이다. 이것은 메타인지 meta cognition의 기본원리로도 이해될 수 있다. 이것은 단순한 현상적 세계인식이 아니라 원리적 세계인식이다. '지식' 기반이 아니라 '원리' 기반으로 대상을 인식하는 것이다. 또 지금까지 얻은 경험을

재해석하여 자신의 '인식체계'를 효율적으로 재구성해 고도화하는 과정이기도 하다. 향후 앎에서 타율에 의존하지 않고 자신의 인식체계를 기반으로 근본적이고 능률적으로 앎을 얻는 방법이다.

우리는 생활 속에서 자신의 고유한 인식체계를 자연스럽게 형성한다고 볼 수가 있다. 이러한 자연 원리적인 앎의 방식을 회복하고 강화하는 것이다.

복잡한 현상과 구조를 가진 오늘날의 세계는, 처음부터 '원리적 앎 causal cognition'을 통해 세계를 파악하는 방법이 좋을 것이다. 최근의 추세를 살펴보면 이러한 형식으로 우리의 인식 방식과 습관이 바뀌고 있음을 알 수가 있다. 요즘 학습이론에서 주목받고 있는 '메타인지 meta cognition'가 좋은 예이다. 이를 통해 겉모습인 현상 대신 본질로, 대응요법 대신 근본적 원리로 과제나 문제를 해결하는 방식이 훨씬 효율적이라는 것을 경험하고 있다.

아포리즘 Cafe의 글은 대부분 이러한 '원리적 앎'을 통해 얻은 생활 속의 명제들이다. 원리적 앎은 잘 정의된 진리체계(공리체계)를 근거로 자신의 인식체계를 갖추어 세계를 이해하는 방법이다. 이를 통해 앎의 정확성을 기하면서도 유연함과 즉시성을 높인다.

여기서 '공리 公理 axiom'는 진리적 명제들이다. 공리는 고정적이지 않으면서도, 그 진리값을 시공간을 초월하여 가진다. 그래서 이것의 물리적 구조는 '확률'의 형식을 띠게 된다. 현대의 양자역학은 이를 말하고 있다. 이것은 절대적 진리나 상대적 진리가 아닌 '확률적 진리'라고 해도 될 것이다.

이러한 '확률적 진리'가 진리의 유연성을 높여, 그 실재성을 구체화하고 나아가 절대화하는 것으로 볼 수가 있다. 원리적 앎은 지식이나 이론을 자기 것으로 소화하는 지름길이기도 하다.

우리의 자연 원리적 인식 활동은 이처럼 자신의 '인식체계'를 '진리체계'와 일치하려 함을 알 수 있다. 그러나 지나치게 원리에 집착하거나 공리를 너무 세분화하면 오히려 인식의 효율성과 균형을 떨어뜨릴 수 있음을 유의할 필요가 있다.

관련 글 : 1. 아포리즘 Cafe, p280
　　　　　　2. 메타 인문학 1.0, p89

753

남의 노력을 평가하고 격려할 줄 아는 사람은
자신의 노력에도 충실한 사람이다
대접하는 사람이 대접 받는다
공감 하는 사람이 공감 받는다
준비 없이는 제대로 되는 일은 없다

765

자신의 무지를 발견하면
반가워 하라
그것이 깨어나면
새로운 세상을 열어 줄테니

763

자신의 빛깔이 아름답다
오리지널이 카피보다 비싼 것처럼

773

시시한 인생은 어디에도 없다
시시한 생각이 있을 뿐

784

내가 본 최고의 댓글

"남이 알아주지 않아도
때론 너무나 고지식하다고 해도
저는 제 자신에게 부끄럽고 싶지 않아
진실을 추구합니다
신이 계시다면 알아 주시겠지요
그래서 저에게 어떤 시련이 오더라도
진실이 주는 원리 가운데서
일이 조금은 쉽게 해결되는 경험을
종종 느낀답니다"

793

남의 특수성을 관용하더라도
자신은 가능한 보편성을 구하라
보편성이 모두를 편하게 한다
예측 가능하고 원리적이기 때문이다
원리를 알면 선택할 수가 있으니
선택할 수 있는 것이 자유이다

803

자연이 조화롭게 지어졌듯이
인간도 조화롭게 지어졌다
모두 신神이 지었기 때문이다
다만 스스로 조화롭게 쓰지 못할 뿐
자신을 조화롭게 쓰는 것이 도道이다

811

자신에 대한 믿음은
신앙에 버금 간다

823

우리의 많은 문제는
자신에게 매몰되는 것
너무 아파하지 말게나
누구나 겪는 일이야
너무 슬퍼하지 말게나
누구에게나 있는 일이야

833

성공은 기도로 얻는 것이 아니라
결국 자신의 노력으로 얻습니다
그러니 하느님을 꼭
수고롭게 하지 않아도 됩니다
하느님은 이미 우리에게 그런
능력과 지혜를 선물했으니
그것들을 그냥 찾아 쓰면 되지요

845

상상력의 한계를 깨는
헤라클레이토스의 30가지 경구

1. 우주는 일정한 패턴으로 말한다.
2. 예상할 수 없는 것을 예상하라.
3. 만물은 유전 流轉한다.
4. 같은 강물에 발을 두 번 담글 수 없다.
5. 장애가 이익을 만들어 낸다.

6. 연관 없는 것들이 만나 조화를 이룬다.
7. 만물이 연기라면 코로 만물을 분간할 것이다.
8. 한계가 지혜를 낳는다.
9. 지혜를 얻으려면 마음을 열어라.
10. 나는 나에게 묻는다.

11. 박학다식이 지혜를 주지는 않는다.
12. 사람들은 손바닥 위의 것도 잡지 못한다.
13. 해가 져야 저녁별을 볼 수 있다.
14. 질서는 쓰레기 더미 속에도 있다.
15. 만물은 자신의 본질을 숨긴다.

16. 장난감을 갖고 놀 때, 아이는 왕이다.
17. 바다가 위대한 것은 넓기 때문만은 아니다.
18. 원에서 끝은 곧 시작이다.
19. 피곤을 모르면 달콤한 휴식도 모른다.
20. 의사는 병을 치료하기 위해 고통을 준다.

21. 올라가는 길과 내려가는 길은 하나이며 같다.
22. 만물은 변화 속에 머문다.
23. 발리와인 맥주는 흔들어야 층이 지지 않는다.
24. 인간에게는 성품이 수호신이다.
25. 개들은 모르는 것을 보면 짖는다.

26. 당나귀는 금보다 쓰레기를 더 좋아한다.
27. 채찍이 말을 달리게 한다.
28. 자만은 몰락의 징조다.
29. 성격이 곧 운명이다.
30. 태양은 날마다 새롭다.

"30 Epigrams of Heraclitus.
Break the Limits of Imagination"

851

자신의 참된 영혼을 따라가다가
길을 잃은 사람은 없다

865

우리의 생각과 행복의 시작점은 세계관이다.
'내가 이 세상을 어떻게 보고 있느냐' 에 달려 있
다. 그래서 나의 생각도 내가 몸담은 사회도 긍정
적으로 가꾸는 노력은 중요한 의미를 가진다.

873

머리가 하나를 알 때
몸은 열개를 알게 된다
관념으로 아는 것은 이론을 넘지 못하고
몸으로 아는 경험이 온전한 내것이 된다

881

일반 원리

상식을 넘어서는 철학이 없고
진심을 넘어서는 진리도 없다
정신과 몸이 하나이듯이
관념과 생활은 하나이다

893

자기를 속이지 않는 사람은
남도 속이지 않는다
남을 속이는 사람은
자기부터 속인다

903

우리는 매순간 질문한다
그 응답이 행동으로 연결된다
새로운 질문을 하라
새로운 질문은 삶을 낳는다

915

발전을 가로 막는 것은
대개 자기자신이다
자기 비판 없이 자기 성장은 없다
명철한 자기 비판이
건강한 자기 성장을 이룬다

921

변화를 버리는 것은
삶을 버리는 것이다
뒤집지 않으면 변화되지 않는다
변화하지 않는 것은 죽은 것이다
죽지 않으면 살지 못한다

오상아吾喪我
자기와의 결별
-장자莊子

933

바보에게도 스승이 있다
그것은 대개 자기자신이다

943

실수와 잘못은
원리를 몰라서이다
원리를 떠나서이다

원리는 이치타당한 것
원리는 유연한 것
그래서 오래가는 것이다

원리를 자기의 것으로 즐길 때
원리 위에 올라 탈 때
우리는 자유로울 수가 있다

951

예술은 진리의 다른 표현이다

961

행복의 조건 1
내가 나 되기

나에게 의지 하라
남에게 의지 하지 말고
내 안에 의지 하라
내 밖에 의지 하지 말고

나에게 의지 하는 것은
나를 강하게 하며
내 안에 의지 하는 것은
나를 지혜롭게 한다

우리는 행복을 소망한다
행복은 자기의 삶에 대해
자기가 주도권을 가질 때 시작된다
곧 내가 나되는 자율적 삶을 살 때이다

973

진실만을 말하라
그것으로 충분하다
꾸며서 말하는 것은
필요 없는 욕심을 내기 때문이다

어떤 것이 진실이라면
있는 그대로도 충분히 아름답다
자연의 작품이기 때문이다

983

불교의 탐진치貪瞋癡
탐·진·치는 탐욕과 분노와 무지로 인간을 어리석게
만드는 3독毒을 말한다.
그 중에 가장 고치기가 어려운 것이 치瞋-분노라
고 볼 수가 있다. 이것은 탐욕과 무지가 합해진
것으로, 스스로 확대 재생산을 한다.
이것을 먼저 치유할 때 자기를 만나고 이웃을 만
날 수가 있다.

사랑에 대하여

사랑은 나로부터 온다
사랑은 스스로를 사랑하여
비로소 세상을 사랑하게 되리니
강물이 흘러 대지를 적시듯

984

여의길상 如意吉祥

길하고 상서로운 일들은
자기 생각에 달려 있다
좋은 일을 생각하면
좋은 일이 생긴다
당신이 생각하는 것이
바로 당신이다

991

스스로 결심한 만큼
행복할 수 있음을
스스로 생각한 만큼
이룩할 수 있음을
스스로 깨달은 만큼
자유로울 수 있음을
스스로를 사랑하는 만큼
사랑할 수 있음을

1003

자신을 존중할 수 있는 사람이
남을 존중할 수가 있다
자신을 사랑할 수 있는 사람이
남을 사랑할 수가 있다
행복한 사람은 있는 것을 사랑하고
불행한 사람은 없는 것을 사랑한다

1013

사랑은 나로부터 온다.
그리하여 먼저 나를 사랑하고
나 아닌 타자를 사랑하게 되리라
누구도 아닌 내가 나를 사랑할 때
그 사랑의 힘으로 나는 태어난다
나의 마음에 담긴 사랑으로
나는 나와 세상을 사랑하는 것이다

1023

좋은 태도가 바른 앎을 얻는다

관념을 깨면
세상이 넓어 지고
편견을 버리니
눈이 밝아 지네

좋은 태도보다 더 나은 스승이 없으니
널리 공부하기에 앞서
겸손을 먼저 배워 볼까

겸손을 배우기에 앞서
사랑을 먼저 배우리
사랑보다 더 좋은 태도가 어디 있을까

1033

사랑의 본질은 정성에 가깝다
사랑과 정성이 모든 것을 있게 한다

1043

자신을 이해하고 사랑하는 사람은
남도 이해하고 사랑하는 사람이다
자신과 진실한 친구가 되는 사람은
남에게도 진실한 친구가 된다

1053

셀프리더십
self-leadership

남이 자기에게 맞춰 주기를
바라는 자는 성장하지 못한다
자기를 남에게 맞출 수
있는 자는 성장할 수가 있다

1063

태도가 운명을 결정한다
성공자의 공통점은 긍정적 태도이며
실패자의 공통점은 부정적 자세다

우주자연은 원래 긍정으로 지어져 있다. 인간만이
부정적 관념에 젖기 쉽다. 그 까닭은 '무지'이다.
무지가 부정적 관념을 낳고, 부정적 관념이 다시
무지를 만드는 악순환이 만들어진다.

무지의 극복은 자기가 무지할 수 있다는 사실을
인정하는 데서 시작된다. 이러한 겸손이 사물을
정직하게 보게 하고 무지를 이길 수 있게 한다.

1064

사랑은 마음으로 품는다
사랑은 발걸음으로 행한다

1073

남에게 기대하지 말고
자신에게 기대하라
남에게 기대지 말고
자신에게 기대어라
자신이 홀로 설 때
자기 인생이 열린다

1081

오롯함의 매력

그는 오롯이 그이기에
그녀는 오롯이 그녀이기에
우리는 좋아 한다

오롯함이란
자기가 자기가 된 모습이다

1093

탈무드에서

지혜로운 사람은 본 것을 얘기하고, 어리석은 사람은 들은 것을 얘기한다. 악마가 바빠서 사람을 찾아다닐 수 없을 때 술을 대신 보낸다. 강한 사람이란 자기를 누를 수 있는 사람이고, 적을 벗으로 바꿀 수 있는 사람이다.

사람에게 한 번 속았을 땐 그 사람을 탓하라. 그러나 그 사람에게 두 번 속았을 땐 자신을 탓하라. 너무 많이 쓰면 안 되는 게 세 가지가 있다. 그것은 빵의 이스트와 소금과 망설임이다. 몸은 모두 마음에 의존하고 있다. 물고기는 언제나 입으로 낚인다. 인간도 역시 입으로 걸린다.

사람을 상처입히는 것이 세 가지 있다. 말다툼, 번민, 텅 빈 지갑. 그중에서 텅 빈 지갑이 가장 많이 상처입힌다.
그 사람을 알려면 그가 쾌락하는 것, 그가 여는

지갑, 그리고 그가 내뱉는 불평을 보면 된다.

자기 자신의 일만을 생각하고 있는 사람은 자기 자신이 될 자격조차 없다.

사람에게는 세 가지 이름이 있다. 부모가 지어준 이름과 친구들이 부르는 애칭과 자기 생애가 끝났을 때 얻게 되는 명성이 그것이다.

뛰어난 사람은 두 가지 교육을 받고 있다. 하나는 교사로부터 받는 교육이고, 다른 하나는 자기 자신으로부터 받는 교육이다.

1101

모두를 사랑하되
누구보다 앞서
자신을 사랑하여라
누구보다 앞서
자신의 조력자가 되고
후견인이 되어라
자신을 사랑할 때 비로소
사랑의 세계가 열린다

1111

자유의 원리 1

무장무애 無障無礙

자유의 첫 걸음은
내가 나 되는 것

다음은
나의 영역과
타자의 영역을 구분하는 것

그 완성은
세상에 대해 황금률을
자신의 자발적 입법원리로 삼는 것

그리하여
오롯이 홀로 서는 것

1021

서로 사랑하면 서로 이익이 된다
겸상애 교상리 兼相愛 交相利
- 묵자

1031

자신감과 자존감

자신감은 말 그대로
자기에 대한 믿음이다
여기엔 몇가지 조건이 필요하다

먼저 자기를 알아야 한다
자기를 알기 위해선
자기를 온전히 긍정할 줄 알아야 한다
긍정해야 제대로 보인다
자신에 대한 온전한 긍정이 자존감이다

온전한 긍정을 위해선
원리적 이해를 가져야 한다
원리적 이해는 과학적 이해이다
과학적이고 합리적인 이해가
자신과 세상을 긍정하는 힘이다

자신과 이웃과
세상을 긍정하는 능력이다
세상을 긍정할 줄 알아야
온전한 긍정의 세계를 얻는다
이때 내가 나 될 수 있다
내가 나 될 때
모든 것이 제대로 보인다

또한
자신의 부족함과
이웃의 미흡함과
세상의 불비함 모두가
원리적 이치 속에 있는
것임 이해하는 것이다
그 불완전함은 언제나
완전함을 향한 열린 세계이다

1041

나에게 좋은 선생이 되어야
남에게 좋은 선생이 될 수가 있다
배움의 절반은 자기성찰이다

1051

자신의 선택을 사랑하세요
과거나 현재나 미래나
자신의 선택을 긍정하세요
과거나 현재나 미래나
비록 부족하고 미흡할 지라도
그것은 훌륭한 태도입니다

1061

생각을 바꿔라
그러면 세상이 바뀐다
마음을 바꿔라
그러면 세상을 바꾼다

긍정적 세계관이 운명을 연다
세상을 긍정할 때 생각이 열린다
세상을 부정할 때 생각이 닫힌다
긍정적 태도가 성공을 부른다

1075

진리란 다시 반복될 가능성이 높은 것이다
즉 재현성이 매우 높은 원리들이다
아침에 어김 없이 뜨는 해처럼
확률이 높은 사실들이다

그래서 판단과 신념의 근거로
의존할 만한 원리로 삼는다
이것이 우리의 삶의 방식이다
사실로만 알 때는
단순한 지식에 머물지만
그 원리를 깨쳐 알 때에는
활용력이 풍부한 지혜가 된다

진리는 결국 '확률'이다
그것을 쫓는 우리의 판단도 '확률'이다
보기에 따라 우리는
늘 얼마간 실수를 하고 있기도 하고
늘 얼마간 성공을 하고 있기도 하다

우리는 이것에 익숙할 줄도 알고
만족할 줄도 알아야 한다
실수는 '병가지상사'이다
이러한 이치를 알고 행한다면
일희일비 할 필요도 없고
자존감에 영향을 받을 이유도 없는 것이다

그림/ 확률 밀도 함수

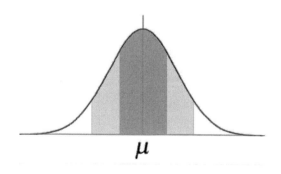

$$\mu$$

1081

행복의 조건 3

내가 나 되기
내가 나 되는 것은
내 마음이 내 몸을 따르고
내 몸이 내 마음을 따를 때이다
마음과 몸
생각과 행동이 하나가 되는
자기통합을 이룰 때이다

1091

사랑함으로 지혜를 얻으리
사랑함으로 용기를 얻으리
사랑함으로 사랑을 얻으리

1103

좋은 정보의 공유는
좋은 세상을 만든다
좋은 지혜의 공유는
행복한 세상을 만든다

공유는 가치의 공유이다
공유할수록 가치는 늘어난다
공유는 가장 효율적인 소유다

1113

일은 가치value를 창조하는 것이다
가치는 '인간이 필요로 하는 무엇'이다
보편적 필요를 만족시키는 것이 일이다

일은 인류를 사로잡는 모든 질환과 비참을 치료해
주는 치료제이다
-토머스 칼라일

1123

실천은 언제나 지식을 이긴다
경험은 언제나 관념을 이긴다

하나의 모범은
천 마디의 논쟁보다 더 가치 있다
-토마스 카알라일

1133

있는 그대로를 보라
이것이 원리적 긍정이자
최고의 인식이다
쉬운대로 가치판단을 하지마라
관념이 세상을 지옥으로 만든다

1143

존재는 그 자체로 의미이다
존재는 그 역할로 가치이다

1153

가을에 쓰는 편지

봄 햇살 가득히
소망은 붉은 꽃으로 피어나
긴 여름날 끓어오르는 그리움으로
검푸른 바람이 되고 숲이 되었다

나무야
가을날 양광 가운데
홀로 숲으로 선 나무야
화려한 꽃과 잎의 계절은
기억의 먼 뒤안으로 돌아가는 지금
다시 무엇을 그리워하려는가?

우리의 지난 매순간은
언제나 최대한의 선택이었나니
삶은 세상의 기준이 아닌
나의 선택으로 그린 반半 구상화
그 최대한의 선택은

오롯이 나만의 것인 것을
그 선택을 사랑하여라
그리하여 이 가을엔
스스로 자유가 되어라
다시 겨울과 봄을 기다리는
새로운 시간들 처럼
이제 이 가을엔
오롯이 자유가 되어라

1163

자유의 원리 2
원리와 함께 서라

원리와 함께 서라
나는 나의 원리로
너는 너의 원리로 서라

그 원리는 같은 것이니
그것을 알 때
홀로 설 수가 있다
원리와 함께 서기 때문이다

세상에 대해
황금률Golden rule을 자신의
자발적 입법원리로 삼아라
입법자가 주인이다
주인 됨이 자유이다

1173

자유의 원리 3
각자의 원리로 서라

각자의 원리로 서라
우리는 각기 우주다
우리는 각자 존엄이다

나는 나의 세계를
너는 너의 세계를 세상에 세운다
나의 영역과
너의 영역을 존중하여라
이것이 자유의 기초이다

1183

참된 사랑만이
참된 지혜를 얻을 수 있으리
참된 지혜만이
참된 사랑을 얻을 수 있으리

1194

자신과 이웃에 대한 이해가
황금률Golden rule의 기초이다
황금률은 상호 이해에 바탕하기 때문이다

모든 것에는 이유가 있다
이유를 알 때
더 나은 원리를 발견할 수가 있다
더 나은 원리를 발견 하는 것은
더 좋은 지혜를 얻는 것이다

1203

사랑하면 알게 되고
알면 보이나니
그 때 본 것은
전과 같지 않으리라

愛則爲眞看
애즉위진간

-유한준 짓고 유홍준 씀
가장 큰 마음자리인 사랑은 따뜻한 평상심이다.
평상심은 인간의 정신을 온전히 깨어 있게 한다.
그래서 가장 깨달음(인식)을 얻기가 쉬운 상태로
만든다.

1213

네가 대접 받기를 원하는 대로
남을 대접하라
황금률Golden rule을
자기 것으로 삼은 자는 언제나 자유롭다

1223

내가 나 됨이 자유다
너가 너 됨이 자유다
이것을 완성하는 것이
황금률 Golden rule이다

1233

우리가 그들의 오류를 바로잡고 그들의 주장을 그
르다고 말하고 싶다면, 가장 좋은 방법은 명확성
clarity을 밝히는 것입니다.

명확성은 어떻게 얻을 수가 있을까요?
그것은 진리가 모두 말해 줍니다
진리는 참된 원리들이며
합리적 이치들입니다

진리는 형식과 격식에 구애되지 않고
지엽과 말단에 이끌리지 않으며
본질을 취할 때 얻어지는 것입니다

1243

비관주의자는
모든 기회에서 역경을 보고
낙관주의자는
모든 역경에서 기회를 본다
- 윈스턴 처칠

1251

사랑은 사람들을 치유한다
사랑을 받는 사람이나
사랑을 주는 사람 모두를
-메닝거

1264

크게 아는 사람은 쉽게 말한다
많이 아는 사람은 간단히 말한다

1275

감성과 이성의 언어
감성의 언어는
이성의 언어에 의해 확장 되고
이성의 언어는
감성의 언어에 의해 성숙 된다

이 둘의 올바른 상호작용은
상호 제어라기 보다
상호 확장에 가깝다
확장을 통해 전체로 나아간다
전체로 나아감으로써 더욱 완전해 진다

전체가 진리다
Das Wahre ist das Ganze
 - 헤겔

1281

사랑은 경험 속에 커진다
사랑은 생활 가운데 깊어진다
사랑은 실재하기 때문이다

1291

조급함으로 닿을 수 있는 곳은 없다
용케 닿더라도 오래 머무를 수 없다
억지로 이룰 수 있는 일은 없다
용케 이루더라도 오래 지킬 수 없다
꾸준함이 성공의 비결이다
정직함이 지름길이다

초부득삼初不得三
첫 술에 배부를 수가 없다

1304

긍정은 사랑의 마음이다
긍정은 지혜logos의 마음이다
긍정은 자연의 마음이다
자연은 긍정으로 지어져 있으니

1311

simple life
참된 생각은 간결하다
간결한 생각이
건강한 삶으로 인도한다

1321

남의 말을 경청하는 사람이
옳은 말을 할 수가 있다
남의 글을 즐겨 읽는 사람이
옳은 글을 쓸 수 있는 것 처럼

1334

용기 있는 자만이 정직할 수가 있다
정직한 자만이 참된 지혜를 얻는다

정직은 지혜라는 책의 첫장이다
-토머스 제퍼슨

1354

사랑은 자신을 먼저 기쁘게 한다
분노는 자신을 먼저 아프게 한다

1363

그의 한결 같은 정성이
그의 영혼을 구하리라
뜻이 있는 곳에 길이 열리듯이

1371

선택과 집중

水滴穿石 수적천석
물방울이 돌을 뚫는다

꾸준함이 이루어 내고
정성이 오래도록 간다

1381

최소한의 원칙은 지켜라
그것이 나를 지킨다

어느날 갑자기 착한 사람이 되거나
악인이 되는 사람은 없다
-시드니 셀던

1394

날씨를 탓할 수가 없듯이
피할 수 없는 것은 즐겨라

좋은 밤을 찾다가 좋은 낮을
잃어버리는 사람들이 많다
-네델란드 격언

1403

사랑의 원리

부분이 아니라 전체를 보자
전체 속에는 사랑이 있으니
사랑 속에는 진리가 있으니
진리 속에는 생명이 있으니

1413

삶은 그 자체가 목적이다
생명은 그 자체가 가치다

1421

나의 변화는
같은 상황에 대한
내 반응의 변화이다

반응의 변화는
태도의 변화에서 시작 된다
긍정의 태도는
모든 긍정적인 것의 시작이다

1431

신앙은 진실과 진리에 대한 믿음이다
진리가 먼저 나에게 이익이 되며
세상에도 이익이 된다는 믿음이다

1432

내 마음을 직시 하면
나를 이해 할 수 있다
나를 이해 하면
세상을 이해 할 수 있다

내 마음을 이해 하면
나를 사랑 할 수 있다
나를 사랑 하면
세상을 사랑할 수 있다

* 직심시보리 直心是菩提
마음을 직면하면 마음의 원리를 알게 된다

1435

누가 지혜로운가?
모든 사람으로 부터
배우는 사람이다

1445

준비된 사람만이
행운을 잡을 수가 있다
단련되어 있는 사람만이
큰 일을 감당할 수가 있다

잔잔한 바다에서는
좋은 뱃사공이 만들어지지 않는다
-영국속담

1453

적어도 정직하다면
무언가를 이룰 수가 있다
정직함이 성실함을 낳고
성실함이 지혜를 낳기 때문이다
정직이 최고의 전략이 된다

1461

나와의 대화

삶은 나를 찾아가는 과정이다
많은 지혜의 말들이 도움이 되지만
최종 지혜는 나와의 대화에서 얻는다
많은 친구와 대화를 하지만
최종 결정은 나와의 대화에서 정한다

1473

역사는 물질 자원의 확장 과정이자
인식 세계의 확장 과정이다
결국 자유의 확장 과정이다
개인의 삶도 마찬가지다

1483

기적은 준비된 행운이다
모든 것엔 합당한 이유가 있다

1495

햇빛은 나에게만 비치지 않는다
비가 나에게만 내리지 않듯이
원리의 공평함을 사랑하여라
그것이 모든 지혜의 출발점이다

1503

우리 인간은
4가지 종류의 역사를 가진다
이것은
신화의 역사와
권력의 역사와
과학의 역사 그리고
이 모두를 딛고 선
자유의 역사이다

1513

탐욕은 게으런 자의 마음이다

노자의 삼보三寶

자비와 검약과 겸허를
몸가짐의 삼보三寶로 하여라
남을 즐겁게 하는 자비심
낭비하지 않는 검약
나대지 않는 겸손

1523

성誠

꾸준함이 비범함을 낳는다
있다가 없음은 있음이 아니다
가다가 멈춤은 감이 아니다
꾸준함만이 존재를 입증한다
꾸준함이 실존이다

1531

아끼는 것이 사랑이다
생명의 열망과 존귀함을
아는 것이 사랑이다
참사랑을 알 때 참지혜가 열린다

1541

혼자여서 외로운 것이 아니라
홀로 서지 못해 외로운 것이다

1551

고정관념을 바꿀 때
자유로울 수가 있다
고정관념을 해체할 때
성장할 수 있다

1561

단점이 있다면 장점도 있다
단점만 붙들지 말고
장점으로 승부하라
단점만 보지말고
장점을 보라
인생은 다양성의 세계다

1575

당연한 상식을 깰 수가 있을 때
생각의 세계는 넓어지고 깊어진다
당연한 긍정이 부정이 될 때
당연한 부정이 긍정이 될 때
과학은 발전한다
-칼 포퍼

1585

인식은 입체적으로 확장한다
새로운 대상에 대한 새로운 앎은
인식세계를 넓혀 주고
기왕의 대상에 대한 새로운 발견은
인식세계를 깊게 한다
우리에겐 이 두가지 모두가 필요하다

1595

인식 세계의 확장

가장 놀라운 앎은
익히 아는 사람에게서
새로운 매력을 발견하는 일이다
가장 의미있는 앎은
익히 아는 대상에서
새로운 면모를 발견하는 일이다
이 두가지의 놀라운 발견은

이미 아는 세계에
새로운 세계를 더해 준다
새로운 세계의 발견이다

1605

당신의 패배를 인정하지 않으면
그 보다 더 한 승리는 이룰 수가 없다

한계를 인정할 때
한계를 뛰어 넘을 수가 있다.

1615

가장 큰 위험은 위험을
'제로zero'로 만들려는 것이다
- 알리바바 회장 마윈

1616

노자의 도道 1

보여 주고 싶은 것만
보여 주는 것은
보여 주는 것이 아니다

좋은 말만
말해 주는 것은
좋은 말이 아니다

있는 그대로의 것이 아름답다
참된 것이 아름답다
있는 그대로가 참이다
전체가 참이다

장단상형 長短相形,
길고 짧은 것이 모여
전체를 이룬다
-도덕경 2장에서

1625

내 사랑의 한계는
내 세계의 한계다

당신이 사랑하는 분량만큼 위대하지만, 그 이상
위대해질 수는 없다
-웨슬리 듀웰

존경이 없으면 진정한 사랑은 성립되지 않는다
-피히테

1633

인문 Humanites은
도구가 아니라 목적이다
인간사회는 공동의 터전이다
공동의 운명체이다

1645

거꾸로 보면 세상이 달라 보인다

호주 세계지도

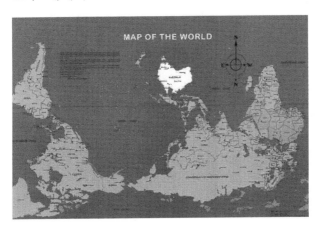

1655

정성을 다하는 자 만이
세상을 변화 시킬 수 있다
사랑하는 자만이
사랑 받을 수 있다

1655

모르는 말과 애매한 말은
사전 부터 찾아라
개념을 알 때 앎이 시작 된다
언어가 생각의 기초이다
내 언어가 내 삶의 뿌리이다
나의 언어와
나의 관념을 늘 점검하라
*
내 언어의 한계는
내 세계의 한계이다
-비트겐슈타인 (1889~1951)
Ludwig Wittgenstein

1665

인간의 신은 우주의 신을
이길 수가 없다

1673

오직 진실로 서라
세상 사람들이
나를 비추는 거울이다

무감어수 감어인
無鑑於水 鑑於人
물 속에 얼굴을 비추지 말고
사람 속에 얼굴을 비추어라
-묵자墨子

1683

인연은 우연이지만
관계는 정성이다
정성 없이 이루어지는 것은 없다

1693

능금

주먹만한 크기의 빨간 능금에
오늘 따라 팥알보다 작은
씨앗이 눈에 들어 온다
사과나무는 이 작은 씨앗을
옮겨주는 이를 위해
이렇게 크고 향기로운 능금을
준비해 놓았구나

1705

본질을 알 때
현상은 더욱 분명해진다
*
우리의 탐험이 끝나는 때는
시작이 언제 인지를 알아내는 순간이다
-T.S 엘리엇
Thomas Stearns Eliot

1715

지식과 지혜

지식은 사실을 목적으로 삼고
지혜는 사용을 목적으로 삼는다
지식은 고정된 정학 stastics이고
지혜는 움직이는 동학dynamics이다
지식은 이론의 도구이고
지혜는 행동의 도구이다

1725

물방울이 바위를 뚫고
어리석은 이가 산을 옮긴다
꾸준함이 비범함을 낳는다

수적천석 水適穿石
우공이산 愚公移山

1735

정성은 하늘의 도道이며
정성을 다하는 것은 인간의 도道이다

誠者天之道也 誠之者人之道也
성자천지도야 성지자인지도야
-중용 20-7

1745

아는 사람은
좋아하는 사람만 못하고
좋아하는 사람은
즐기는 사람만 못하다

知之者 不如好之者
好之者 不如樂之者
지지자는 불여호지자
호지자는 불여낙지자
-논어, 옹야雍也 편

1752

우리는 사랑 속에서 이해를 얻고
이해 속에서 다시
사랑을 얻을 수 있습니다.
이해와 사랑은
서로를 밝혀주고 성장시킵니다

1761

용기 있는 자만이
충고를 받아 들인다

충고는 결국
잘 해보자는 이야기이다

충고자는 아무리 신랄하여도
결코 해를 끼치지 않는다
-푸블릴리우스 시루스

1771

옳은 일에 미쳐라
미치면 이룰 것이다

위대한 것 치고
열정이 없이 이루어진 것은 없다
-에머슨 Ralph Waldo Emerson

1785

지인용 智仁勇
인생엔 늘 용기가 필요하다

용기가 없는 사람에게는
어떤 좋은 것도 생기지 않는다
-마르쿠스 아우렐리우스

1797

별이 되어라
그 누군가에게

꽃이 되어라
그 어떤 이에게

나에게 그리고
사랑하는 이들에게

1805

세상은 좋고 나쁨의 흑백논리로
보면 온통 모순투성이다
세상은 흑백이 아니라
컬러로 지어져 있기 때문이다
세상은 긍정의 원리로 지어진
무지개 빛 다양성의 조화들이다

1814

행복이란
내가 나의 주인이 되는 삶이다
내가 나 되는 삶이다
자신을 사랑하고
이웃을 사랑하며
자신이 몸담은 세상을
사랑하는 삶이다

우리는 다른 사람과
같아 지려고 자기 인생의
3/4을 소모한다
-쇼펜하우어

1823

사람에 등수와 점수를 매기지 말라
모두의 삶에서는 모두가 일등이다
판단하고 평가하지 말라
저마다 이유가 있다

1835

단면으로 대상을 보지 말자
대상은 모두 입체로 있다
단면적 이해는 다른 말로
편견이나 선입관일 수 있다

단일 척도로 세상을 보지말자
세상은 다양성 자체이다
단일 척도의 다른 말은
고정관념이나 아집일 수 있다

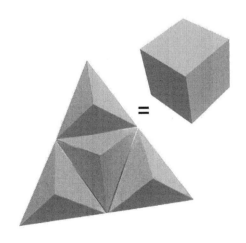

1845

상대에 대한 기대치를 대폭 낮춰라
이것이 그와 잘 지내는 비결이다
세상에 대한 기대치를 대폭 낮춰라
이것이 세상과 잘 지내는 지혜이다

1855

이별이 두려워
사랑하지 않은 자는
죽음이 두려워
숨쉬지 않는 자와 같다

1865

상생의 원리
나만을 위한 세상은 없다
세상만을 위한 나도 없다
세상은 모두를 위해 있다

세계와 나

What &
Why

세상을 축복하고 사랑하여라
세상이 축복하고 사랑해 줄 것이다

1875

좋은 선택은 중요하다
다음 과정은 더 중요하다
다음 과정이 성공을 결정짓기 때문이다

1885

변화를 찾아내는 것은
기회를 찾아내는 것이다

세상은 늘 변화 속에 있으므로
변화를 찾아내어 능동적으로
대응하는 것이 지혜로운 삶이다

지능의 척도는 변화하는 능력이다.
-알버트 아인슈타인 Albert Einstein-

1893

민음의 근본

남보다 뛰어난 사람은
타고난 머리가 좋은 것보다는
부지런히 노력한 결과이다
부지런히 노력하면
하늘은 그냥 두고 보지 않는다
이것이 모든 '민음'과 '신앙'의 근본이다

하늘의 도는 부지런함에 보답한다
천도수근 天道酬勤

1901

대충주의자가 되지 말라
세상에서 가장 위험한 것일 수가 있다
합리주의자가 되어라
세상에서 가장 자유로울 수가 있다

1915

세상은 맞고 틀림으로
양분되어 있는 것은 아니라
부단히 변화 되는 상황 가운데서
좀 더 나은 쪽과 좀 덜 나은 쪽이
그 선택을 기다리고 있을 뿐이다

1925

앎과 지혜는 아무도 뺏을 수 없다
내 안의 것이니까
나누어 주어라
나눔이 세상을 아름답게 만든다

1931

일의 주인이 되어라
그렇지 않으면
일이 주인이 된다
이것이 세상의 주인이 되는 길이다

세계와 나

1942

좋고 나쁨의 이분법은 끝이 없다
나를 쪼개고 세상을 쪼갠다
좋고 나쁨은 본래 하나로 있는 것
본래 있는 대로가 온전한 것이다

1955

입증된 뒤에 믿어도 늦지 않다
미리 믿는 것은
지레짐작이 되기 쉬우니
세상의 낭패는 지레짐작에서 온다

1963

선입관은 세상을 가른다
선입관과 판단을 갖지 말고
있는 것을 그대로를 보라
그곳에 해답이 모두 있으니

1973

만물유전 萬物流轉
세상은 늘 새롭게 변하고 있다
대상을 새롭게 본다는 것은
새로운 세상을 만나는 것이다
우리는 매순간 새로운 세상을 만난다

1983

일마다 일희일비 하지 말자
다음엔 세상이 어디로 튈지 모르니
럭비공 처럼

만사는
새옹지마塞翁之馬
다만 진인사대천명
盡人事待天命 할 뿐

1994

당신의 미소가
세상을 바꾸게 하라
그러나
세상이 당신의 미소를
바꾸게 하지는 마라

2001
삶의 기본은 홀로서기
성공의 기초는 자립심이다
실패의 원인은 의존심이다

천상천하 유아독존
天上天下唯我獨尊
세상의 모든 존재는 각기 온전한 존재다
그러므로 홀로 설 수 있다
-붓다

2011

밖에서 구하지 말고
안에서 구하라
세상을 비추는 지혜의 빛은
내 안에 있으니
그 빛이 전체와 통한다

2021

무지는 무지를 모른다
그러나 앎은 앎을 안다

2033

민주주의는 시민을 위해 기능하고
시민에 의해 기능 한다
민주주의는 시민이 주인이며
시민 개개인의 오늘과 내일이다
민주주의는 시민이 만드는 운명이다

2045

무엇이 정답일까?
삶에 있어서
정해진 답은 없다
정해진 방향이 있을 뿐
그 방향은
내가 좋아하면서
생산적인 삶을
사는 것이다

좋아하는 일은
나를 활력있게 하고
생산적인 일은
나와 세상을 윤택하게 한다

2053

모든 자유로운 토론은
모든 오류에 대한 잠재적 보험이다

2063

기회의 공정은 생존의 토대이다
기회의 순환은 발전의 엔진이다
기회의 분배는 정의의 기초이다

2071

봄이 왔어요
봄빛을 맞아요
봄 향기를 맡아요
봄은 늘 희망입니다

2083

초심을 유지하는 것은
항해에서 나침반을 지니는 것이다
항해의 성공은 마지막 순간까지
초심을 유지하는 데 달렸다

2093

탁월함을 구하지 말고
평범함을 구하라
진리는 평범하다

화려함을 뽐내지 말고
소박함을 뽐내라
진리는 소박하다

복잡함을 찾지 말고
간단함을 찾아라
진리는 간단하다

2101

진리와 이치에 굴복하라
그러면 자유로워질 것이다
진리와 이치를 따르라
그러면 지혜로워질 것이다

2112

감정에 바탕하지 말고
원리에 바탕하여라
그러면 평화로워 진다
모든 것은 원리에
기초하기 때문이다

2122

그 사람이 되어 보지 못하면
그 사람을 바르게 알 수가 없다
그러나 그 길은 너무 멀다
이것을 알 때 비로소
그 사람이 보이기 시작한다

2131

아는 것 만큼 보인다
경험한 만큼 깨닫는다
깨달은 만큼 산다

2143

뜻이 바르다면
시행착오를 두려워 하지 말라
성공은 시행착오를 먹고 자란다
*
우리는 우리의 실수로부터 배운다
-칼 포퍼 경, 영국 과학철학자

2151

생각 보다 태도가 앞선다
행동 보다 자세가 앞선다

2165

아는 것과 익히는 것은 다르다
익히는 것과 행하는 것은 또 다르다
행할 때 비로소 전체를 알게 된다
전체를 알 때 진리가 보인다
전체가 진리이기 때문이다

직심直心

삶의 모든 애로는 진실을 직시하지 않는 데 있음을 알 수 있다. 진실을 직시하지 못하는 가장 큰 이유는 근본적으로 '무지'일 것이다. 그러나 알면서도 직시하지 않는 경우도 적지 않다. 진실을 받아들일 용기가 없어서다.

그 이유는 우선 스스로 진실을 인정하기 싫어서이고, 다음은 사회적 압력에 대한 상상적 우려 때문이다. 이 둘은 모두 진실에 대한 오해에서 비롯된 일이다.

내 안과 밖에서 일어나는 세상의 모든 사실은 그만한 자연 원리적 이유가 있다. 따라서 사실을 그대로 받아들여 인정하는 것, 즉 진실을 직시하는 것이 문제를 쉽게 푸는 길이 된다. 그 이유를 찾아 합리적으로 바로 잡으면 되는 일이다. 이유를 알면 보다 나은 이유를 바로 찾을 수가 있다.

이것은 비용이 드는 일이 아니라 사실을 있는 그대로 진솔하게 인정하고 받아들이는 일이다. 이것이 안 되어 불필요한 일이 생기고 비용이 든다.

직심시도량 直心是道場
-자기 마음을 보고 배움을 얻어라

인도의 어떤 수행자가 어느 날 길에서 유마거사維摩居士를 만나

"어디서 오시는 길이십니까? 하고 물었더니

"도량道場에서 오는 길이네"하고 대답했다.

수행자는 수행을 위해 소란한 성안을 떠나 한적한 곳으로 가려는 길이었으므로

"그 도량이 어디 있습니까?"하고 유마거사에게 다시 물었다. 그러자 유마거사는,

"정직한 마음이 있는 곳이 도량이라네(직심시도량 直心是道場). 진실한 마음은 거짓이 없으니까." 하고 대답했다.

유마거사의 세속명은 '비말라키르티'로 당시 인도의 대부호였다. 속세에서 붓다의 가르침을 공부했던 재가불자이다. 그는 직설을 서슴치 않아 일반인들은 모두 어려워했다. 그가 병을 얻었을 때 석가모니 부처가 제자, 보살들을 향해 누가 그에게 찾아가 문병할 것을 권하였으나, 이름난 붓다 10

대 제자 중 제1 제자로서 지혜 제일로 칭송받던 사리풋다舍利弗나, 제2 제자로 신통력이 뛰어났던 목갈라나目犍連등의 아라한과 대중들은 저마다 예전 비말라키르티에게 모두 한마디씩 지적을 들은 적이 있어 "감당할 수 없다"라고 사양하며 아무도 가려 하지 않았다.

또한 누구에게나 친구처럼 다정하고 자비로운 제자인 미륵弥勒 등의 대승 보살들 역시도 마찬가지로 비슷한 경험을 말하고 사양하며 아무도 가려 하지 않았다.

이에 붓다의 제자인 문수보살 文殊菩薩이 대표로 그의 방장의 거실을 찾았다. 다른 여러 보살과 나한이 문수보살을 수행했다. 이때 문수보살과 비말라키르티가 주고받은 문답이 바로 '유마경'의 핵심 줄거리로 알려진다.

예를 들어 문수보살이 보살은 어떻게 해야 불도佛道에 통달할 수 있습니까? 라고 물으면 비말라키르티는 "만약 진리를 구하는 보살이 도가 아닌 길 (非道)을 간다면 곧 불도에 통달한 것입니다."라고 반어법으로 대답했다. 고정관념과 집착에서 벗어나라는 말이었다.

또 병문안을 받은 뒤에 "중생이 병들었으므로 내가 병이 들었소"라고 말했다. 여기서 병이란 생리적 질병이 아닌 정신적인 것을 말한다. 비말라키르티는 자신의 병을 드러내 보이고 대중을 불러 병문안을 받으며, 그 자리를 빌려 중생들에게 널리 설법을 행하고, 그에 관한 갖가지 문답을 행함으로써 대중에게 대승의 진리를 가르치고자 한 것이다.

유마거사는 중생의 고통을 자신의 고통으로 짊어지는 동체대비 同體大悲의 큰 사랑을 가졌다. 다른 사람의 고통에서 자신의 고통을 읽는 아픔과 같은 것이다. 동체대비는 부처님의 가르침 중에 중요한 것 중의 하나로 말해진다. 어렵고 약한 자를 생각하는 연민이다. 이런 자비의 사랑은 권유나 강요가 아니라 조건 없는 나눔을 의미한다.

붓다께서 팔정도를 정하시면서 보시를 으뜸으로 한 것도 그 때문이다. 보시란 물질뿐만 아니라 남을 위해 베풀 수 있는 모든 것을 말하기 때문의 고해에서 어려움을 겪는 중생들의 텅 빈 가슴을 채워주는 사랑과 아픔을 나누는 것이다.

유마거사는 중생의 마음이 어디를 향하는지를 먼

저 살피고, 분별을 떠나 아픈 사람의 마음으로 깊숙이 들어가 중생을 보듬어 안았다.

직심시도량 直心是道場.

직심直心은 말 그대로 자신의 마음과 정직히 마주하는 것이다. 이것은 반야심경의 '관자재보살 觀自在菩薩'의 모습이다. '관자재보살'이란 '있는 그대로의 것을 보는 자'이며, 이것이 진리를 구하는 기본적 자세라는 것을 알 수가 있다.

있는 그대로의 것은 자연 원리적 본연의 모습이며, 이것이 더할 것도 뺄 것도 없는 진리라는 근본적 가르침이다. 현대적인 개념은 합리적이고 과학적으로 진리를 구하는 자이다. 그 속에 모든 원리와 이치가 있다는 말이다. 그는 당대의 붓다와 쌍벽을 이루는 세속의 현자로 이해된다.

직심

2175

존중 받는 이유는
존중 하는 데서 나온다

2185

진실의 척도는 투명성이다
성숙의 척도는 개방성이다

2195

밑바닥이 튼튼해야
온전한 그릇이 될 수가 있다

기초가 튼튼해야
온전한 빌딩이 세워지듯

2205

우리에겐 두 가지 인생이 있다
두 번째 인생은 우리 인생이
한 번뿐임을 깨달을 때 시작된다
-공자

2211

믿음이 시간 속에 쌓이듯
진실도 시간 속에 쌓인다

2221

묻지 않으면 답은 없다
깊이 묻지 않으면
깊은 답을 얻을 수 없다
바르게 묻지 않으면
바른 답을 얻을 수가 없다

2235

정직하지 않으면 강할 수가 없다
정직하지 않으면 다정할 수가 없다
정직은 자연의 원리이자 에너지이다
자연은 정직으로 지어졌기 때문이다

진실로 정직할수록
진실로 강할 수가 있다

2241

노력은 결코 배신하지 않는다

2255

진실을 알면 현혹되지 않는다
진리를 알면 흔들리지 않는다

2263

타인에 의지하면 고생의 길
진리에 의지하면 자유의 길
진리에 함께 의지하면 사랑의 길

2273

실수와 실패를 극복하는 첫 걸음은
그것을 솔직히 인정하는 일이다
모든 지혜의 첫 걸음은
스스로 진실해 지는 것이다

2281

직면 할 때 답이 보인다
맞설 때 방법이 보인다

2293

상식의 최소한은 법이다
상식의 최대한은 철학이다

철학은 시대의 아들이다
-헤겔

2303

정의는 진실을
말하고 행하는 용기다

2313

문장이 경지에 이르면 별다른 기발함이 있는 것이
아니라 다만 적절할 뿐이고, 인품이 경지에 이르
면 별다른 특이함이 있는 것이 아니라 다만 자연
스러울 뿐이다.
-홍자성의 채근담

2321

진실을 직면할 때
진실을 극복할 수가 있다
진실을 인정할 때
진실을 넘을 수가 있다

일직심一直心
다만 있는 그대로를 보라

2331

모든 기도는 나를 위한 기도다
모든 기도는 사랑을 향한 기도다
모든 기도는 진리를 믿는 기도다

2341

시간이 모든 진실을 말해준다
시간이 모든 지혜를 선물한다
나를 키웠던 것은
오직 진실했던 시간들이었다

2353

감사가 행복입니다
원망이 불행입니다
빈손으로 태어난 인생
알고 보면 감사 뿐입니다

2361

진실한 말은 간단하다

2371

분명히 말할 수 없는 것은
분명히 모르는 것이다
분명히 모르는 것은
분명히 진실이 아닐 수가 있다
분명한 것을 믿어라
분명한 것에 먼저 충실하라
이것이 진실을 찾는 첩경이다

2381

행복의 조건 2
홀로서기

모든 문제의 시작은
홀로서기가 안 되어 일어나고
모든 문제의 답은
홀로 선 다음 얻어진다

홀로 선 다음
내가 나 될 수 있다
내가 나 될 때
모든 것이 뚜렷이 보인다

2393

시행착오는 일상사이다
승패는 병가지상사다
역경을 이기면서 지혜를 얻는다

2403

인생에 연습은 없다
실전이 있을 뿐이다
인생에 예습은 없다
즉문에 즉답이 있을 뿐이다

2411

집착과 분별심은
밖을 향한 의존심이다
밖에 의존하지 말고 자신에 의존하라
내 안의 등을 밝혀라
그곳에 이미 지혜의 불이 있으니

자등명 自燈明
법등명 法燈明
-법구경

2421

거짓은 외롭다
자기 소외 때문이다
거짓은 불안하다
거짓과 친구 되기 때문이다

2431

있는 그 대로를 보는 것은
우리가 구하는 모든 앎의 원천이다
있는 그 대로 진실을 보기 때문이다

**WE ARE FREE TO
YIELD TO TRUTH**

진리에 굴복하라
자유를 얻으리니

2441

마음이 진실 되면
고생이 적어진다
진실을 볼 수 있기 때문이다
진리와는 벗하고
거짓과는 멀어지기 때문이다

2451
진리는 전체 속에 있다
균형을 얻을 때 집착은 줄고
전체를 이룰 때 집착은 사라진다
진리는 전체이기 때문이다

2461

일관성이 없다면
진실이 없다는 것이다
진실이 없다면
실체가 없다는 것이다

2471

앎은 모든 대상과
모든 방향을 향해 열려 있다
마음을 열 때 비로소 앎은 시작 된다
Open minded

2481

어떤 상황이든 직면하라
마음으로 직면하라
직면하면 해답이 보인다

2491

진실과 거짓이 하나가 아니듯
선과 악은 하나가 아니다
악은 스스로 거짓의 편에 있기 때문이다
이것이 선과 악의 구분법이다

세계와 나
2501

자신의 직관을 먼저 믿어라
다음엔 검증 해보라
사람은 직관으로 알도록 지어져 있다
앎의 중심은 직관이다
그러나 논리적 검증은 꼭 필요하다

2513

가르치는 것은
두 배로 배우는 것이다
가르치는 과정에서
진실의 더 많은 면면을
발견하기 때문이다
진실은 입체로 있으므로

2521

보이는 것이 모두가 아니다
전체를 볼 때 진실이 보인다

2531

소통은
말로 하는 것이 아니라
결국 진실로 한다

앎은
부분으로 얻는 것이 아니라
전체로 얻는다

거짓의 대부분은
부분을 전체인양 하는 것이다

2541

결코 늦지 않았다
Never too late
다시 시작 하는 것이다
자연원리를 따라

2553

겸손할 이유

I may be wrong
내가 틀릴 수도 있다

이렇게 말하면
스스로도 편해집니다
겸손하면 편해지지요
진실이기 때문입니다

진실은 입체로 있습니다
한 사람이 진실의 모든 면을
다 꿰뚫을 수 없으며
한 순간에 진실의 모든 면을
말 할 수도 없습니다
그래서 누구나 틀리게 알 수도
틀리게 보일 수도 있습니다

2563

경이로운 것은 너무 많지만
인간 보다 경이로운 것은 없다

2571
제대로 알지 못하면
거짓이 많아 진다
제대로 보지 못하면
실수가 많아지는 것 처럼

2581

악의 본질은 거짓이다
거짓을 믿다가
거짓의 노예가 된 것이다
진리를 부인하다가
스스로 거짓이 된 것이다

2591

홀로 서는 첫걸음은
진실과 직면하는 것이다
성공의 시작도
세상과의 직면하는 것이다

2601

진실을 알 때 거짓을 알게 된다
거짓을 알 면 거짓은 사라진다
진실과 거짓은 이분법이 아니라
진리를 찾는 기준이다

2611

말에 상처 받지 말라
진실이 갑옷이 되어 줄 것이다
언어에 구속 되지 마라
진실이 자유를 줄 것이다
다만 진실과 진리에 의지하라

2621

실존實存
말이 던지는 허상에 휘둘리지 많라
말처럼 공허한 물리력은 없다
말이 던지는 올가미에 갇히지 말라
평판에 의지하지 말라
자신에 의지하라
스스로 진실하면 말에 흔들지 않는다

2631

삶이 공허하게 느껴진다면
소박함으로 돌아 가라
삶이 우울하게 느껴진다면
진실함으로 돌아 가라
참된 바탕에 모든 행복이 있다

2641

가능한 비워라
별로 중요하지 않는 것들을
여유와 공간이 스스로를 키운다

위학일익 위도일손
爲學日益 爲道日損
학문은 날로 더하는 것이요
도를 이룸은 날로 비우는 것이다
-도덕경 48

2651

무엇이 되는 것 보다
무엇으로 사는 것이 좋다
시인이 되는 것 보다
시인으로 사는 것이 좋은 것 처럼

2661

지혜는 원리적 앎에서 온다
원리는 모든 곳에 있다
나에게 필요한 앎은 내 안에 이미 있다

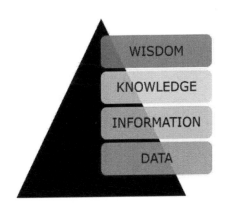

2671

진실을 가진 만큼 진실이 보인다
아는 것 만큼 보이는 것 처럼

2683

신용은 믿음의 기초
신용은 언행일치다
인간 세상은 기본적으로
신용사회이다

2693

진실은 언제든 드러난다
늘 거기에 있기 때문이다

낭중지추 囊中之錐
주머니 속의 송곳

2701

네 속에 내가 있고
내 속에 네가 있다면
우리는 천국에 있다

2711

지혜란 욕망이 주는 선물이다

2723

진실 만한 감동의 말은 없다
진심 만한 소통의 언어는 없다

현실과 가상을 구분할 때
보다 현명해 질 수가 있다
자기기만을 벗어날 때 뚜렷이 보인다
오직 진실로 돌아 옴으로써
삶은 구원을 받게 된다

2745

경험은 진실을 말해 준다
경험만 한 스승은 없다
우리는 시행착오의 경험 속에서
진실의 전체를 알게 된다

2753

문명과 지성의 오만을 벗으라
자연 자체와 자연 그대로가
최고의 문명이자 최고의 지성이다

2763

믿음에 기초 한다
그 믿음은 어디서 올까?
믿음은 투명성과 항상성에서 온다
안정된 예측 가능성이다

2773

진리의 말은 징검다리일 뿐이다
실행해 보아야 그곳에 이른다
글을 벗어나야 온전한 뜻에 이르듯

2781

진실은 입체적이다
그래서 다양한 관점으로
다양한 선택을 할 수가 있다
우리는 이것을 '자유'라 부른다
그러나 우리의 선택은 대개
그 중 일부일 수 밖에 없다
나머지는 피할 수 없이 버려야 한다
적극적으로 얻기 위해서는
적극적으로 버려야 한다

2793

우리는 늘 이야기 한다
한 5년만 더 젊었다면
그리고는 5년 뒤에도
같은 이야기를 한다
오늘이야말로 내 인생에서
가장 젊은 날이다

2801

진실을 구하라
진리가 그대와 함께 하리니
참됨을 구하라
평화가 그대와 함께 하리니

2813

실수나 실패는 성공으로 가는
필연적 과정일 뿐이다
태만하지 않으면 나아간다
혁신하면 빨리 간다

2823

진실을 잃지 않고도 행복할 수 있다면
사악 하지 않고도 잘 살 수가 있다면
승리한 삶이자 성공한 인생이다

2843

모두가 그렇듯이
알고 나면 쉬워진다
앎을 열심히 추구하는 것은
편리해지기 위해서다
안다는 것은 복잡한 것을
간단히 아는 것이다

2853

일이 안 풀리면 기본으로 돌아가라
길이 안 보이면 큰 길을 찾아 가라
특수성이 안 통하면 보편성으로 가라

대도무문 大道無門
기본과 큰 길과 보편성은
언제 어디서나
모두에게 열려 있다.

2863

꾸준함이 비범함을 이룬다
꾸준함이 탁월함이다
포기하면 거기가 한계가 된다

2871

진실을 직면하는 시간은
때로 두려워도
힘들어도
고통스러워도
진실을 알게 하고
진실을 이기게 한다
진실만이 진리를 말하기 때문이다

2883

진실로 노력했다면 포기하지 말라
성공이 코앞에 있을지 모른다

2891

그대의 간절함이 하늘을 연다
그대의 뜻이 길을 연다
Where there is a will
there is a way

2901

여유 tolerance
온전한 사람은
완벽한 사람이 아니라
가끔 작은 실수도 할 줄 아는
여유 있는 사람이다
그 소박한 여유가 자유를 준다

2911

진실은 시간과 공간 속에 입체 4D로 존재한다

2921

제대로 물을 줄 아는 사람이
제대로 알게 된다
비판적 앎이 이를 이룬다

미자불문로 迷者不問路
길을 잃어 헤매는 사람은
길을 물을 줄도 모른다
도리를 모르는 사람은
제멋대로 일을 처리할 뿐
현자에게 물을 줄도 모른다
-안자춘추 晏子春秋

2931

홀로 설 수 있어야
함께 설 수가 있다
홀로 선 나무들이
숲을 이루 듯이

2941

진실에 살라
용기 있는 자만이
진실을 지킬 수가 있다

그러므로
기꺼이 용감하라
Good to be candid

2951

마음의 평화는 진리에 가까이 있다

2961

잘 읽어야 잘 쓸 수 있다
많이 읽어야 바르게 쓸 수 있다
잘 들어야 잘 알 수 있다
깊이 보아야 바르게 알 수 있다

2973

편견은 정말 '무서운 개犬'이다. 내가 가진 편견을
모른다면 나도 정말 무서운 '편견'이 될 수가 있
다. 우리는 자주 '편견'에 물리기도 한다.
우리는 작든 크든 편견을 가질 수 밖에 없다.
문제는 이 진실을 정말 아는가이다.
모든 앎은 부분적이다.

2984

성숙한 사랑은 우정에 바탕 한다

2991

일소일소一笑一少
한 번 웃으면 한 번 더 젊어진다

모든 날 중 가장 완전히
잃어버린 날은 웃지 않는 날이다
-샹포르

3005

우리는 스스로 만든 관념의 틀 속에
스스로를 가두고 평생을 산다
자유인은 그 관념의 틀을 원리에
따라 유연하게 가지는 사람이다

3011

보는 것이 믿는 것이다
Seeing is believing
보이지 않으면 믿지 않는다
이것이 과학의 기초이다
이 원리만으로도 충분한
앎의 균형을 이룰 수가 있다

3021
보편성이 뿌리와 줄기라면
특수성은 가지와 잎과 같다
보편성에 근거하지 않는
특수성은 존립할 수가 없다

3033

우리는 대화를 통해 성장한다
대화는 진실을 비추는 거울이다
대화를 많이 할수록
진실은 뚜렷한 모습을 드러낸다
진실이 뚜렷해질수록
우리는 더 진실할 수가 있다

3041

생각logos도
감정pathos도
원리의 흐름을 따른다
우주자연이 원리로
이루어져 있기 때문이다

따라서 자유도
원리 가운데 있다
원리가 내 것이 될 때
자유가 내 것이 된다

3051

우주자연의 중심에는
내 내면의 진실한 목소리가 있다
그것을 믿고
그것에 귀를 기울여라

3063

호기심의 품격
표상과 근원
현상과 원리

작은 사람은 특별한 것에 관심이 많고
큰 사람은 보편적인 것에 관심이 많다

3073

정치에 너무 기대를 하지 마라
인생은 각자도생이다
자강불식自强不息
자신을 살리는 것은 결국 자신이다

3071

자유의 자리
행복의 자리
누구나 앉을 수 있는 자리

3073

좋은 말을 하자
자신에게도 남에게도
모든 말은 자기를 위한 기도이다

기쁨과 즐거움

먼저 꿈을 꾸라
그러면 꿈이 당신에게로 올 것이다

3081

가능한 합리를 따르라
행복에 가까운 길이니
가능한 원리를 따르라
성공에 가까운 길이니

3091

탁월한 것은 심플 simple하다
진실한 것은 소박하다

3101

진실하면 간단해진다
간단해지면 명료해진다
명료해지면 진실을 본다

간결함은 최고의 정교함이다
-레오나르도 다빈치

3111

행복도 내가 만드는 것이네
불행도 내가 만드는 것이네
진실로 그 행복과 불행
다른 사람이 만드는 것 아니네
-법구경

3121

원리 가운데 있으면 평화롭고
원리와 함께 하면 자유롭다

3131

아이는 어른의 스승
아이의 눈은 진실을 본다
더도 덜도 없이
있는 그대로를 본다

3141

이치에 맞는 말은 경청해라
인간의 말이기 전에
진리의 말이니

꽃을 보고자 하는 사람에겐
어디에나 꽃은 피어 있다
- Henri Matiss

3153

내가 따뜻하면
주위도 따뜻해진다

주위가 따뜻해지면
나도 따뜻해진다

3163

사랑은 그에게 어떤 의미가 되는 것이다

3173

사랑은 스스로 아름답다
사랑은 스스로 빛난다

3181

우리의 일생을 이끄는 것은
결국 내면이 이끄는 힘이다
자기 내면의 소리에 귀를 기울이는 것이
첫번째 지혜이다
밖에서 구하지 말고 안에서 구하는 것이
두번째 지혜이다

3191

사랑이 있을 때 행복이 있다
겸손이 있을 때 성장이 있다

3201

내 인생에 가장 젊은 날은
오늘이다
늦었다고 깨달았을 때가
가장 빠른 때이다
지금이 가장 빠른 때이다

3211

장자의 제물론 I
만물은 평등하다

뱁새는 구만리 창천을 오가는
대붕의 세계를 헤아릴 수가 없다
대붕은 작은 구멍을 넘나드는
뱁새의 세계를 엿볼 수가 없다

그래서 자연은
대붕과 뱁새를 함께 낳아 기른다

3225

세상에 근면만 한 투자는 없다
악덕의 실체는 거짓이며 허구이다
무지와 나태로부터 온 사건과 사고이다
그 결과는 비능률이자 손해이다

3231

그 진실함이 원리의 근본이다
그 간절함이 지혜의 근원이다

3241

작은 원칙들은 나를 구속할 수 있지만
큰 원칙은 나를 자유롭게 한다
작은 원칙들은 인간의 원리지만
큰 원칙은 자연의 진리기 때문이다
인간의 원리는 자연의 원리 안에 있다

3253

우리는 자유롭기를 원한다
무지로 부터
궁핍으로 부터
속박으로 부터
이것은 내 안의 세계에서 부터이다

3261

희망은 새로움 속에 피어 난다
나날이 새로워져라
자연의 원리를 좇아
타탕한 이치를 따라

일일신우일신
日日新又日新
-대학

3271

밤이 어두울 수록
별은 더 빛난다
겨울이 깊을 수록
봄이 가까이 오듯이

3282

모든 것은 원리에서 나온다
지식에 의존하지 말고
원리에 의존하여라
지식은 변하기 쉬우나
원리는 오래 간다

모든 것은 원리에 기초한다
관념에 의지하지 말고
원리에 의지하여라
관념은 경직되기 쉬우나
원리는 유연하다

3253

성서의 유일한 메시지는 사랑이다
 -파스칼

3291

말은 마음의 씨앗이다

3303

민주주의는 조화로운 자연원리를
인간의 원리로 실현하는 과정이다
자연원리이자 생활이다

민주주의는 정지된 것이 아니라
영원히 계속되는 행진이다
-루즈벨트

3315

오늘도 새날
새롭게 시작하는 날이다
매순간은 언제나 새로워질 수 있는 순간이다

3321

탁월한 것은 심플 simple하다
진실한 것은 소박하다

3333

제일 약한 부분을
최우선으로 보완 하라
자신의 가장 큰 약점이
자신의 가장 큰 성장의
포인트가 될 수 있다

최약보완 最弱補完의 원리

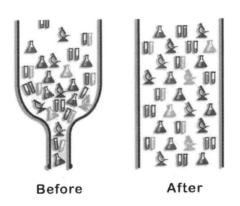

Before　　**After**

3341

긍정을 이기는 것은 없다
자연의 원리가 긍정이기 때문이다
긍정은 모든 것을 이룬다
자연이 그러하듯이

3353

문제 발생의 시작도 말이며
문제 해결의 시작도 말이다
언어는 최대한 정확히 쓰는 것이 좋다

3363

행복은 우리가 각각이면서
하나임을 알 때 얻어지는 평화다

33371

삶은 경험의 과학이다
우리는 경험에서 원리를 알게 되고
원리를 통해 본질로 다가간다
경험과 원리와 본질
이 셋은 순환하며 서로 수렴한다
서로가 서로의 길이 된다

반생이 지나서야
인생이 무엇인가를 알게 된다
-조지 허버트

3383

진실을 살펴 인연을 맺으라
진실한 사람이
진실한 인연을 만든다
진실한 인연이
진실한 삶을 만든다

3391

일을 이루려면 집중하라

햇빛은 하나의 초점에 모아질 때만
불꽃을 피운다 - 벨

3403

그 사람이 되지 못하면
그 사람을 알지 못한다

3411

나 다운 건
나로 만들어지는 것이 아니라
본래의 내가 되는 것이다
본래의 나로 돌아오는 것이다

3421

넓고 깊이 배우는 것은 쉽게 말하기 위해서이다
쉬운 말이 자연스런 행동을 이끌기 때문이다
쉽고 간결하게 말하고 싶다면 더 깊이 생각하라

博學說約 박학설약
널리 공부하는 것은
간단히 말하기 위해서이다
-맹자

3431

경험 만한 압축된 가르침은 없다

3443

향상의 원동력은 간단하다
Better than before
보다 더 나아지는 것이다
모든 진보의 엔진은 이것이다

3441

양손을 주머니에 넣고서는
성공의 사다리를 오를 수 없다

3445

피상을 좇으려 말고 본질을 잡아라
삶의 승부처는 여기에 있다

3451

사랑하되 집착하지 말라
이끌리되 빠지지 말라
사랑에 의존하는 것도
타율에 의존하는 것이다
혼자 있을 수 있을 때
사랑도 오래 간다

3463

사랑 할 줄 아는 사람이
사랑 받을 수 있다
용서 할 줄 아는 사람이
용서 받을 수 있는 것처럼

3473

공부의 이유
자기 기준을 가져야
흔들리지 않는다
남의 기준에 의지하니
흔들리는 것이다
온전한 자신의 기준을 갖는 것
이것이 공부 하는 이유다

3483

벤자민 플랭클린의 명언

"오늘 하루는 내일보다 두배의 가치가 있다"

"삶이 비극인 것은 우리가 너무 일찍 늙고,너무 늦게 철이 든다는 점이다."

"현명한 사람은 이웃의 실패에서도 교훈을 얻을 줄 알지만, 어리석은 사람은 자신의 실패에서도 교훈을 얻을 줄 모른다."

"자신의 능력을 감추지 마라. 재능은 쓰라고 주어진 것이다. 그늘 속의 해시계가 무슨 소용이랴."

"당신이 할 일은 당신이 찾아서 해라.
그렇지 않으면 당신이 할 일은
끝내 당신만 찾아 다닐 것이다"
Drive thy business, let not thy business drive thee.

3491

다가서라 보다 더 본질로
활용하라 과학적 방법론을

3495

말 logos의 힘을 믿으라
긍정의 힘을 믿으라

3501

돈에도 마음이 있다
귀하게 여기는 이를 따르며
근면한 이에게 오래 머문다

3511

봄이 오는 이유

동지가 지나면
봄이 오기 시작한다
해가 길어지고
어둠이 짧아지며
햇볕이 더 많아지기 때문이다

3521

한 면만 보는 것은
눈 뜬 장님이 되는 길이다

하나만 아는 사람은 아무것도 모르는 것이다
He who knows one, knows none
- Max Muller (1823~1900)
독일 출신의 영국 철학자이자 동양학자
소설 독일인의 사랑 작가

3523

한 사람이 내게 온다는 건
실로 어마어마한 일이다
하나의 우주가 오는 것이다

3531

비어 있는 공간이 나무를 키운다
여유 있는 공간이 사람을 키운다

3541

꿈꿀 수 있는 사람은 용기가 있다
꿈을 꾸는 사람은 행복하다

3543

행복하기를 원하는가?
생활 속에 진심을 담아라
진심이 평상심이다
진심의 농도가 행복의 농도다

3553

행복한 내가 되어야
행복한 너를 만날 수가 있다

3551

노력은 재능을 이긴다
꾸준함이 비범함을 이룬다

3565

지금 행복 할 수 있어야
나중에도 행복 할 수가 있다
지금 이 순간의 선택이 진짜이다
지금 이 순간의 선택이 나이다

행복을 만드는 공장이 있다면
그 공장의 주인은 바로 웃음이다
-영국 속담

3575

좋은 습관은 행복의 초대장이다

사람들이 관성적인 그들의
궤도에서 벗어나 본다면,
얼마나 많은 사람들이 행복해질까?
-세네카

3583

남에게 의지 하지 말라
나에게 의지하라
인간에 많이 의지하지 말라
진리에 많이 의지하라

3595

우리는 행복할 수가 있다

모든 것이 좋기 때문이 아니라,
모든 것에서 좋은 것을
발견할 수 있기 때문에
Be happy,
not because everything is good,
but because you can see the good
in everything.

3601

마음의 원리를 아는 것이
행복의 원리를 아는 길이다

3613

웃음의 적이 있다면 오직 '무지'이다
단지 바보만이 웃지 않을 뿐이다

3621

내가 나 될 때
스스로 충만함을 느낀다
충만한 내가 될 때
나는 온전함을 느낀다
온전한 내가 될 때
나는 자유로워 진다
자유로움이 곧 행복이다

3631

가장 높은 곳에 올라가려면
가장 낮은 곳부터 시작하라
가장 높은 산이 가장 낮은 산자락과
가장 깊은 골짜기의 소유자다

3641

시행착오의 경험만큼 귀한 것은 없다
천재 보다 나은 것이 경험일 수 있다

3655

더 나은 생각이
더 나은 행동을 이끈다
더 나은 행동이
더 나은 삶을 이룬다

3665

시간은 나의 편이다
희망을 잃지 않고 힘쓴다면

3671

지혜로운 자는 의혹이 없으며
어진 자는 근심이 없고
용기가 있는 자는 두려움이 없다

知者不惑 仁者不憂 勇者不懼
지자불혹 인자불우 용자불구
-논어

3683
우리는 위대한 자연을
잠시 방문한 여행객입니다
이곳 이 순간은 그래서 소중합니다

3691

입체적으로 보라
사실 보다 중요한 것은 해석이다
문제 보다 중요한 것은 해법이다
입체적으로 볼 때 좋은 해석과
좋은 해법을 얻을 수가 있다

3701

표상만 보지 말고 근본을 보자
겉모습만 보지 말고 알맹이를 보자
근본을 볼 때 진리를 볼 수가 있다
진리를 알 때 세상의 주인이 된다

3711

삶에는 용기와 지혜가 필요하다
나 되기 위한 용기와
나 되기 위한 지혜이다
지혜와 용기는 서로를 돕는다

3721

생각의 시작은 발상에서 온다
좋은 변화는
발상의 변화에서 일어난다
발상이 바뀌면 인생이 바뀐다

발상의 시작은 방향이다
방향을 바꾸면 발상이 바뀐다
인생은 속도가 아니라 방향이다
발상이 바뀌면 인생이 바뀐다

3731

우월감은 열등감의 반작용이다
열등감은 피해의식의 표현이다
피해의식은 억압의 결과이다
모든 억압은 무지에서 온다
앎만이 자유를 준다
결국 진리가 우리를 자유롭게 한다

3741

아는 만큼 지혜로워 지고
행한 만큼 넉넉해 지며
깨달은 만큼 자유로워 진다

3755

어려울 때일 수록
기본으로 돌아 가라
거기에 방법이 놓여 있다

3753

관용의 시작은
나 또한 실수할 수 있고
틀릴 수도 있다는 생각이다

자신에게 관용을
베풀 줄 아는 사람이
남에게도 관용을 베푼다

3763

아낌을 받은 사람이
아낄 줄 안다
사랑을 받은 사람이
사랑할 줄 아는 것처럼

3775

용기를 가질 때 자유도 얻는다
바른 지혜를 가질 때
옳은 용기도 얻는다.

3785

더 좋은 것을 얻기 위해서는
지금 좋은 것은 버려야 한다
더 큰 평안을 얻기 위해서는
지금의 평안을 버려야 한다
한 순간에 2개에 집중할 수는 없다

3791

실제로 우리는 일보다 더 큰 존재다
어떤 일보다 늘 더 큰 존재가 되어라

3803

가르치지 말고 같이 배워라
명령하지 말고 같이 행하여라
따라하지 말고 먼저 해보라

3813

지금 몹시 힘들고 지쳐 있다면
깔딱고개를 넘을 때 처럼
성공이 가까이 와 있는 지 모른다

3823

포기는 슬픔을 준다
내려 놓음은 자유를 준다
이 둘은 어떻게 다른가?
내려 놓음도 때로 슬픔이 되고
포기도 때로 자유가 되기도 한다
이 둘은 비슷하지만 다르다

3833

위대한 사람은 모두가 겸손하다
겸손함으로써 위대한 사람이 된 것이다

3843

성공의 비밀

신중한 결정은 중요하다
그러나 결정을 한 다음은 더 중요하다
다음의 일들이 성패를
좌우하기 때문이다

3853

지혜는 일상 가운데 터득되고
철학은 생활 가운데 얻어질 때
쉽게 실현 될 수가 있다

들은 지혜와 읽은 철학은
생활 가운데서 부단히 적용하고
시험해야 내 것이 될 수가 있다

3863

남이나 세상의 기준이 아닌
이치 타당한 합리를
내 생각의 기준으로 삼는다
내 생각이 바로 설 때
내 삶이 바로 선다

3875

큰 나무는 오래 자란다
큰 그릇은 오래 만들어진다

3883

중요한 문제의 해결법은
계속 물어 보는 것이다
그것에 관한 모든 것을
늘 묻고 답 해 보는 일이다
이 때 이루어진
좋은 물음이 좋은 답을 선물 한다
이것은 개인의 문제나
사회의 문제나 공통된 해법이다

인간의 어리석음을 치유하는
한 가지 해법이 있다면
그것은 겸허함이다
-유발하라리

3891

모든 좋은 것의 적은
단 하나 무지 뿐이다

3903

아무런 일이 일어 나지 않으면
아무런 기회도 오지 않는다
아무런 변화가 일어 나지 않면
아무런 발전도 오지 않는다

더 나은 기회를 얻으려면
더 좋은 변화를 이루어라

3913

남의 작은 장점이라도 칭찬하여라
남을 쉽게 폄하하는 사람은
쉽게 성장하기가 어렵다
칭찬은 가까운 사람부터다

3925

사랑은 마음으로 품는다
사랑은 발걸음으로 행한다

3931

생각의 원천은 발상이다
좋은 변화는
발상의 변화에서 일어난다
발상이 바뀌면 인생이 바뀐다

발상의 시작은 관점이다
관점을 바꾸면 발상이 바뀐다
관점을 자유롭게 바꾸면
자유로워진다

3945

꽃은 말 할 줄 안다
우리가 못 들을 뿐
나무도 들을 줄 안다
우리가 알지 못할 뿐

3951

위험을 알면 위험은 작아진다
기회를 알면 기회가 커지듯이

3961

흘러라
멈추면 죽고
고이면 썩기 쉽다

3971

사실을 사실대로만 이해하면
사실은 문제가 없는 일이다
문제는 대개 억측과 오판에서 나온다

3981

사는 게 힘든다면
그것은 당신이 그렇게 만든 것이다
사는 게 즐겁다면
그것도 당신이 그렇게 만든 것이다

삶은 당신이 만드는 것이다
이전에도 그랬고 앞으로도 그럴 것이다
-그랜마 모세

3991

홀로 설 수 있어야
함께 설 수가 있다
신은 우리에게
홀로 서라고 명령한다

4001

실체를 잡기 전에는
생각은 복잡해지기 마련이다
실체를 잡으면
생각은 간단해지기 마련이다
실체란 참된 것
있는 그대로의 것이다
그러므로
있는 그대로를 보는 것이다
본래 그대로가 되는 것이다

"We don't See
things as they
are, We See
them as We
are. "

Anais Nin

4011

새로운 날은 새로운 시작
새로운 시작은 새로운 희망

태양은 날마다 새롭다
-헤라클레이토스

4025

나무는 거리를 두어야
숲으로 자란다
이것이 나무와 풀의 차이다

242

과정이 없는 결과는 없다
과정이 옳으면 결과도 옳다
과정에 충실하면 결과도 충실하다

4043
삶은 경험의 과학이다
관념과 지식은 한계가 있다

한 가지 일을 경험하지 않으면
한 가지 지혜가 자라지 않는다
-명심보감

4053

아마추어와 프로의
유일한 차이는 인내심이다
인내심이 스킬 Skill을 낳는다

4065

폭풍우가 내려도
꽃은 피고 열매는 맺는다

4071

산촌山村의 아침

산촌에는 아침이
늦게 찾아 온다
밤이 일찍 오는 것 처럼

멀리 닭 회치는 소리
부지런한 등불은
새벽이 오기 전에 켜지고

창을 넘어 오는
새벽 공기는 차갑지만
싱그럽다

산촌의 고요한 아침은
매일 이처럼
찾아 왔을 것이다

도회의 나그네는

기쁨과 즐거움

번민에 밤새 뒤척이다
새벽잠을 깬다

고요와 번민,
도회의 번민은 산촌의 평화를
배울 수가 있을까?

번민이 오롯이
깨달음이 되는
번뇌시보리 煩惱是菩提

산촌의 깊은 고요는
도회의 번뇌를 깨운다
번뇌는 본래 고요였으니

4083

이해는 오해를 넘어서 온다

4091

꿈은 이루어 진다
진정 소원하고 행한다면

재능은 한계가 있지만
노력엔 한계가 없다
-앨버트 아인슈타인

4101

희망의 유일한 길은
다시 시작하는 것이다

4113

모범을 보이는 것이
가장 설득력이 있는 가르침이다

4125

지금 바꿀 수가 없으면
인생이 바뀌지 않는다
지금 변할 수가 없으면
삶이 변할 수가 없다
변화Change는
기회Chance다

4131

정직은 용기이다
정직은 합리이다
정직은 지혜이다

4143

자연은 모든 것을 이루고도
말없이 겸손하다
인간은 조금만 이루어도
떠들썩하기 쉽다
단지 몰라서 그렇다

4153

그만한 이유

복은 이유를 따라 온다
좋은 운명도 이유를 따라 온다
그 이유 중 첫째는
합리에 대한 믿음이다
합리가 복된 운명을 이룬다
이치 타당한 합리가 도道이자 德이다

4163

삶은 선택이다
선택은 많은 부분 인연이다
좋은 인연을 맺는 것이
좋은 삶은 사는 길이다

4171

문제를 알면 답을 안다
문제를 모르면 답을 모른다
문제 속에 답이 있으니

좋은 항아리가 있으면 아낌없이 사용하여라,
내일이면 깨질지도 모르니
-탈무드

4181

성공의 맛을 아는 사람이
성공을 키워 간다

4191

패배를 흔쾌히 인정할 때
가장 빨리 그것을
극복하는 법을 배운다

4203

내가 나로 존중받는 것은
그가 그 되는 것을
존중할 때 가능하다

4213

시련을 이긴 자만이
참된 인간이 된다

4221

참되어라
참됨은 충분한 보답을 받는다
우주자연이 참되기 때문이다

4231

좋은 것은
결심할수록 더 좋아진다
결심한 것은
행동할수록 뚜렷해진다

4241

오늘도 좋은 아침
생의 첫날처럼

4251

삶은 기본적으로 희망적이다
매순간 새로운 선택의 기회가 주어지므로

4261

태도는 영혼의 바탕이다
따라서 태도는 전부일 수 있다

4271

우리는 어둠을 직시하는 고통을
흔쾌히 감수하는 순간 부터
비로소 빛을 얻을 수가 있다

사람은 빛의 모습을 추구한다고
밝아지는 것이 아니다
어두움을 의식화해야 밝아진다
-칼융

4281

어려울수록
기본을 다듬어라
최고의 기술은 기본에서 나온다

4285

거짓 되지 않으면
못하는 것이 없어진다

무위이 무불위
無爲而 無不爲
거짓되지 않으니
하지 못하는 것이 없다
-도덕경 37장

있는 것과
없는 것

있는 것과 없는 것

진실만을 말하여라
그것으로 충분하다

4293

그대가 있는 곳이 꽃동네
그대가 만드는 것이 꽃자리

4303

참된 인간은
시련을 통하여 태어난다
시련은 자격 시험과도 같다

4311

그것을 긍정해야
그것을 알 수가 있다
그것을 알아야
그것을 뛰어 넘을 수가 있다

4321

진리 위에 서라
진리는 진실로 보답 받는다

진리 가운데 있어라
진리가 후원자가 될 것이다

진리를 찾아라
진리가 성공으로 안내한다

진실된 마음을 가져라
진리가 평화를 줄 것이다

4331

문제를 만드는 것도 나
답을 찾아 내는 것도 나
그래서 늘 나와의
진솔한 대화가 필요하다

4341

무지 보다 더한 무지는 편견이다

무지를 두려워 말라
거짓을 두려워하라
-파스칼

4353

겸손할 이유
어쭙잖은 재능을 자랑 말자
뛰는 자 위에 나는 자가 있으니

4361

알 수록 겸손
모를 수록 교만
겸손 만한 지혜는 없으니

4371

탁월함의 비결은 꾸준함이다
꾸준함의 비결은
그것에 미치는 것이다
1년만 미쳐라
100년의 길이 열린다
즐기는 것보다 더한 것은
미치는 열정이다

4381

삶은 항해와 같다
뚜렷한 목적지와 함께
넉넉한 추진력과 복원력을 가질 때
비바람과 파도가 몰아쳐도
흔들림을 이기며 나아갈 수가 있다

4391

최고의 스펙은
난사람 보다 든사람
든사람 보다 된사람

4403

정직이란
뒤로 숨지 않는 것이다
지혜란
뒤로 숨지 않아도 됨을 아는 것이다

4411

일이 잘 풀리지 않을 때는
처음과 근본으로 돌아가라
그리고 다시 물어보는 거다
진솔하게 나에게 다시 묻는 거다
답은 내 안에 이미 있으니

4421

이 또한 지나 가리라
내일엔 새로운 태양이 뜬다

4431

자기 기준을 가질 때 흔들리지 않는다
자기 기준이 진리와 통할 때 튼튼하다
이것이 진리를 구하는 이유다
이것이 공부를 하는 까닭이다

4441

꾸준함이 믿음의 증표다
꾸준함이 존재의 증거다

4551

무위자연 無爲自然,
애써 만들지 마라
본래 그대로가 좋으니
애써 꾸미지 마라
본래 그대로가 이쁘니
자연 미인 처럼

4463

무지는 부끄러움이 아니다
무지를 모름이 부끄러움이다

4471

우리에게 유일한 소유는 시간뿐이다
그것도 오늘과 지금 이 순간이다
오늘에 살고 지금에 살아라
오늘을 귀하게 여기고
지금을 귀하게 여겨라

있는 것과 없는 것

4481

선택과 집중

시간은 유한하고
인생은 무상하다
선택을 하자
최고의 보물을 고르 듯이
집중을 하자
마지막 화살을 쏘는 것 처럼

4493

그 사람이 되어 보지 못하면
그 사람을 온전히 알 수가 없다
내가 알 수 없는 수 많은
경우의 수가 있을 수 있고
내가 알 수 없는 특별한 환경과
요인들 있을 수 있기 때문이다
손쉬운 평가와 속단은 언제나 성급하다

4503

선택과 집중의 지혜

생활의 질서는
중요도 기준으로
우선 순위을 정하는 것이다
이때 삶은 질서를 얻고 성과는 향상된다

4515

열림開이 하나됨을 낳는다
열림開이 열림實을 낳는다

4521

인생에 100점은 없다
60은 좋고
70은 훌륭하다
이러한 관용 속에서 비로소
놀라운 100이 나올 수가 있다

4533

배려는 먼저 침묵으로 말한다

4543

부처의 눈

내가 나를 인식하는 틀은
내가 남을 인식하는 틀이기도 하다
같은 인식의 틀이기 때문이다
이것이 부처의 눈에
부처가 보이는 이유이다

4553

인간에 기대지 마라
고생이 있을 뿐이다
진리에 기대어라
즐거움이 있을 뿐이다

4561

지식에 안주하면
지혜가 빛을 잃는다

4573

봄에는
봄을 즐기세요
겨울엔
겨울을 즐기듯이

4581

삶은 순간들의 모음이다
순간 순간이
새로움이요
희망이요
설레임이 되기를

있는 것과 없는 것

4591

너는 나의 거울
나를 알기 위해 너라는
거울이 필요하다
너를 알기 위해 나라는
거울이 필요한 것처럼

감어인 鑑於人
-묵자

4601

포기가 없으면
실패도 없다

4611

말은 많을 수록 희미해지며
글은 길 수록 약해진다

4621

상처의 아픔은
나를 깨어나게 하는 것만으로도
이미 충분하다

4631

노마드 nomad

자유는 용기이다
자유는 때로 고독이기도 하다
그러나 우리는 하나로 연결되어 있다

4641

내안의 자유에 믿음이 설 때
내 밖의 자유도 내 것이 된다
온전한 자유는 이로서 이루어진다

4651

지금 여기 이 순간에
당신에게 가장 알맞은 선택을
할 수 있는 사람은 당신 뿐이다
당신의 이유와 상식이
늘 온전하도록 다듬어라

4661

경청하라
하늘에는 입이 없으므로
사람으로 하여금 말하게 한다

4673

대략 무시 해도 좋은 것은
안량한 소유들이다

4683

날기 전에는 걸어보는 거야

4691

중용 中庸, 온전한 척도

작은 눈금 만으로는
큰 눈금을 읽을 수가 없다
큰 눈금 만으로도
작은 눈금을 읽기가 어렵다
두 가지 눈금을 모두 갖추어야
비로소 온전한 '자 ruler'가 된다

4703

코로나 바이러스는 빈부를 가리지 않는다
죽음 앞에는 누구나 평등하다
가진 자는 오직 겸손하여라

4711

나의 자리

따라 하지 말고
알고 하라
따라 배우지 말고
알고 배워라

남의 생각을 따르지 말고
나의 생각을 따라라
남의 글을 따르지 말고
나의 글을 따라라
남의 말을 따르지 말고
나의 말을 따라라

남의 기준을 말하지 말고
나의 기준을 말하라
남의 말을 하지 말고
나의 말을 하라

마냥 따르지 말고
스스로 만들어라
스스로 만들 수 있을 때
스스로 주인이 된다
시행착오 속에 얻은
주인 된 자리가 나의 자리다

4723

찬바람을 이긴 매화꽃을 보라
매화 꽃만이 축복이 아니라네
고난의 세월을 이긴 그대도 꽃이네

4735

보다 좋게
Better than before

삶은 결과가 아니라 과정의 연속이다
더 좋은 방향을 찾아 한 걸음씩 나아가는
때로 힘들지만 흥미로운 여정이다

4741

명상은 내 몸과 마음을 보는 것이다
내 몸과 마음에서 시작하는 것이다
내 안을 보고 밖을 보는 것이다
내 안을 알고 밖을 아는 것이다

있는 그 대로를 볼 때
바르게 볼 수가 있다
있는 그대로를 보는 것은
판단을 앞세우지 않고
선입관을 갖지 않고
내 안과 내 밖의 모두를 보는 것이다

보라 있는 그대로를

See as it is

©innoLab

4751

인생은 완전해져야 하는 것이 아니라
놀라워져야 한다

4761

학문을 깊이 한 사람은
학문의 한계를 안다
학문 만으로는 충분하지
않다는 사실도 안다

4775

보편성의 넓은 터전을
내 것으로 할 때
나의 특수성은
온전히 빛날 수가 있다
개성은 보편성 위에서 빛난다

있는 것과 없는 것

4781

크게 정교한 것은
소박한 듯 보인다

大巧若拙 대교약졸
훌륭한 솜씨는 마치 서툰 듯 하다
-노자 도덕경 45

4793

침묵이 금이 될 수가 있다
말로써 감옥을 만드니

4805

방법론적 회의 懷疑

철저하게 알기 위해서는
철저하게 회의할 수 있어야 한다

4811

지혜란
생존본능이 주는 선물이다

4821

가장 먼저 용서해야 할 건 나다
그래야 사람으로부터
내 삶으로부터도
용서받을 수 있기 때문이다
- 백영옥, 소설가

4833

말을 하면 잃는 게 더 많고
경청하면 얻는 게 더 많다
어느 쪽이 현명한가?

4841

우리는 매순간 선택을 한다
매순간 선택한다는 것은
나머지를 매순간 버린다는 뜻이다

4853

앎의 원천은 자신의 직관이다
앎을 배움에만 의존하지 마라
배움은 앎의 보조에 불과하다

4865

중요한 개념들을
스스로 정의할 수 있어야
생각이 바로 선다
생각이 바로 서야
삶이 바로 선다

4873

남을 돕는 첫째는
남에게 짐이 되지 않는 것이다

4883

우리는 같이 걷는다
앞서 갈 이유도
따라 갈 까닭도 없다
같이 걷는 것이다

4891

삶은 자기와의 부단한 대화 과정이다
그 중 많은 부분은 자신을
합리적인 방향으로 설득하는 일이다
합리에 대한 믿음은 그것을 쉽게 한다

있는 것과 없는 것

4901

볼 수 없으면 보이지 않는다
들을 수 없으면 들리지 않는다

4911

긴 눈금과 짧은 눈금이
모여서 '자'가 되듯이
모든 눈금은 소중하다

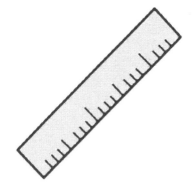

4925

자신을 깨우는 것은 결국 자신이다

4931

바닷가에 노는 아이들이
바다가 주는 겸손을 이해할 때
그들은 뉴턴과 같은
사람이 될지도 모른다

바다가 넓고 큰 것은
스스로 가장 낮은 곳에
자리하고 있기 때문이다

자연은 그런 겸손한 자에게
그의 위대한 힘을
선물을 하는 것이 아닐까?

4941

매순간의 선택이
나이자 나의 인생이다
Your choice is your life

선택은 나의 것
책임도 나의 것
인생도 나의 것

4951

탁월한 사람은 있다 그러나
처음부터 잘하는 사람은 없다

4965

빛은 어둠이 없어서이다
어둠은 빛이 없어서이다

4973

삶에 대한 평가는
남과의 비교가 아니라
어제의 나와의 비교이다

4984

매사에 감사하라
감사하면 자꾸 감사할 일이 생긴다

4993

진실은 흔들리지 않는다
진리로 살기 때문이다
거짓을 보아도 흔들리지 않는다
진리가 있음을 믿기 때문이다

있는 것과 없는 것

5001

얻는 것이 있으면
잃는 것도 있다
큰 것이 있으면
작은 것도 있다

긴 것이 있으면
짧은 것도 있다
그 모두가 전체를 이룬다
긴 눈금과 짧은 눈금이
모여 '자'가 되듯이

5011

꽃을 가지고 있으면
그대도 꽃이다

5021

내가 나 될 때
나의 지혜가 열린다
내가 나 될 때
나의 길이 보인다
내 안에 모든 것이 있다

5031

얽매임이 없는 것은 자유
얽매임의 필요를 아는 것은 지혜

5041

자유로운 자에게
자유로운 선택이 주어 진다
free man
free choice

5053

나눔은
사람을 섬기는
가장 따뜻한 수단

5061

시간이 많은 것을 말 해 준다

5073

말의 독에 상처 받지 마라
말의 환상에 현혹 되지 마라
말은 말일 뿐이다
오직 진리를 믿고 진실을 들을 뿐!

5081

우리는 매순간 선택을 한다
기왕이면 좋은 선택을 하는 거다
궁극의 지혜가 있다면
이것 하나가 아닐까?

5094

열림開과 열림實
생각을 열면 열린다
개방 관용 소통 배려의 열매

5101

삶은 사람으로 사는 것
내가 나 되어 사는 것이다

있는 것과 없는 것

5111

무엇이 되기 전에
내가 나 되기

5121

홀로 일어나라
기대거나 의존 하지 말라
홀로 섬으로써
비로소 나의 삶이 시작 된다

5133

자연은 매순간 다시 태어난다
사람도 매순간 다시 태어난다

5141

가치를 쫓아 다니지 마라
좋은 것을 찾아 헤매지 마라
사람이 최고의 가치다
최고의 가치는
밖이 아니라 내 안에 이미 있다

5151

실패가 없으면
깨달음도 없다
씨앗이 떨어져
새싹이 나듯이

5163

말 한 마디가 천국을 만든다
지혜의 말은 나의 천국
따뜻한 말은 너의 천국

있는 것과 없는 것

5171

속도 이전에 방향이다

5181

인생에 연습은 없다
실전이 있을 뿐이다
인생에 예습은 없다
즉문에 즉답이 있을 뿐이다

5191

하느님이 벌을 내리실 때는
그 사람의 지혜부터 빼앗는다
-도스도옙스키

5201

남에게 의지하면 고생길
진리에 의지하면 자유의 길
진리에 함께 의지하면 사랑의 길

5211

진선미眞善美의 역설

진리는 용감한 자의 것이고
선함은 부지런한 자의 것이며
아름다움은 지혜로운 자의 것이다

5223

상대방이 만만하게 보인다면
그 사람은 당신을 배려하고 있는 것이다

있는 것과 없는 것

5241

진실을 떠나지 말라
거짓에 안주하지 말라
거짓은 환상이며 먼저
자기에 대한 기만이다

5251

제대로 알지 못하면
거짓이 많아 진다
제대로 보지 못하면
실수가 많은 것 처럼

5265

글은 흩어져 있는 생각을
논리에 따라 연결하고
이치에 맞추어 펼쳐 준다
흐르는 시내에
징검다리를 놓는 것 처럼

5271

우리는 진실과 직면하는 순간
진실을 만날 용기를 가지게 된다
그리하여 진실을 이기는 것이다

훗날 한 마디 하게 된다
그것 별것 아니더군!
직면은 진실을 가장 빨리
이기는 방법이다

5281

누가 진리를 말하거든
흔쾌히 귀를 기울여라
그가 말하는 것이 아니라
진리가 말하는 것이다

5293

우리의 일이란 이해의 범위를 넓혀가면서
우리 자신을 자유롭게 하는 일이다
또한 모든 살아있는 생명체들과 자연과
자연의 아름다움을 포용하는 일이다

Our task must be to free ourselves by wide
ning our circle of compassion to embrace
all living creaturesand the whole of nature
and its beauty.
-알베르트 아인슈타인 Albert Einstein

5301

겸손한 자 만이 배움을 얻고
배우는 자 만이 깨달음을 얻으리

마음의 이름

마음은 본래 이름이 없다
보이지 않으니 붙잡을 수 없다
한마음에서 났으나
때로 고우며 때로 거칠어
그에 따라 이름을 붙였을 뿐이다

누구에게나 화 시기 질투 탐욕 등의 마음은 일어
난다. 이것은 성현인 붓다도 마찬가지였다. 그래서
그도 이에 대한 궁극의 원리를 찾으려 애썼다. 우
리는 마음의 빛깔과 결을 따라 '희로애락 애오욕'
의 이름을 붙인다. 그러나 마음에게 마음대로 이
름을 붙이는 것은 적절하지 못하다. 그들은 본래
하나이기 때문이다.

그들은 이유 있는 마음의 움직임, 본능적 신호, 상
황에 대한 보고서 report, 진정한 호소들이다. 그
래서 먼저 이름을 붙이기 전에 그들의 목소리에
귀를 기울여야 한다. 그들의 주장과 호소를 진솔
하게 들어야 한다. 교양 있고 우아한 이분법의 칼
로 치즈 케이크를 자르듯 쉽게 재단하지 말아야

한다. 그들은 전체로 하나기 때문이다.

마음은 대화를 열망한다. 그들은 진실을 말하려 할 뿐이다. 그들의 호소는 선입관 없이 들어 주기만 해도 위안이 된다. 불평을 토로하더라도 부디 따뜻한 마음으로 귀를 기울여라. 나타났다 그냥 사라지는 기계적 신호 signal에 불과할지라도 경청하라.

마음은 만남을 열망한다. 어눌한 말과 서툰 논리일지라도 그 안에 담긴 진실을 들어라. 진실은 오직 진실로 통한다. 그리하여 이치 타당한 합리와 함께 진실로 나아가는 것이다. 이것이 '나와의 대화'이며 '너와의 대화'이기도 하다.

우리의 만남 속에는 나눔이 있고, 나눔 속에 만남이 있다. 우리의 삶은 나의 안과 밖의 세계와 만남과 나눔의 과정이다. 여기서 우리는 내 안과 밖의 세계와 대화를 한다. 이것은 다음과 같은 근본적 물음에 대한 자기의 응답에 기초한다.

-나는 누구인가?

-세상은 어떤 곳인가?

-어떻게 사는 것이 좋을까?

이 물음은 삶에 대한 기초적이면서도 근본적 이해

를 자신에게 묻는 것이다. 우리는 이에 대한 답을 얼마나 명료하고 충분하게 하고 있을까? 자기의 응답이 늘 만나는 일상에 얼마만큼 유용한 지침을 주고 있을까?

현대인들은 관념적 인식을 넘어 우리의 생활이 가지는 진실을 묻고 응답하려고 한다. 이것이 실질적인 철학이라는 생각 때문이다. 진리나 참된 지혜는 논리와 분석으로 알아내는 부분적이고 관념적인 앎이 아니라, 몸과 마음 모두를 담고 있는 생활에서 발견된다는 이해이다.

남산의 참모습은 부분이 아닌 전체를 봄으로써 볼 수가 있기 때문이다.

진실과 진리의 만남

진리는 늘 자기의 자리에 있다.
그러니 겸손할 때 진리를 본다
물리적 편견을 넘어설 때
진실을 이해할 것이다
감정적 편견을 씻어 낼 때
진실을 바르게 알 것이다

진리를 얻는 길은 이렇듯
뚜렷하게 계획될 수가 있고
꾸준하게 학습될 수가 있어
삶을 평화롭고 윤택하게 만드는
생각의 방식이며 삶의 습관이다

진리의 근본은 사랑이다
사랑의 마음은 진리를 향해
전방위로 열린 감각이다
이것은 계획과 학습에 늘 앞서 있다
이것이 앎의 근본임을 잊지 말자

우리는 진리의 세계에 있으므로
진실할 때 진리를 이해하게 된다
진실로 돌아올 때 진리와 하나가 된다
진리 가운데 설 때 자연의 일원이 된다
대자연의 사려 깊은 지혜와
위대한 에너지는 진리의 세계 속에 충만해 있다

자연의 일원이 된다는 것은
대자연의 위대한 지혜와 에너지를
나누며 함께 하는 것이다

이것이 우리가 진리를 알고자
하는 이유가 아닐까?

우리는 참된 마음으로 하나 될 때
진실의 세계를 얻을 수가 있다.
이때 비로소 삶의 참된 첫걸음이 시작된다.
그러나 진실과 진리의 소중함을 모른다면
그것을 자기의 것으로 할 마음이 없다면
이 글의 뜻은 알 수가 없을 것이다

아포리즘과 진리체계

우리는 '자연 원리적 직관'으로 기본적인 앎을 얻는다. 그런데 직관은 논리적 검증을 거쳐 완성된다. 우리의 앎은 직관과 논리의 종합으로 이루어지기 때문이다. 이 과정을 주관하는 것이 우리의 '인식체계'로 볼 수 있다. 아포리즘은 합리적이고 섬세한 인식체계를 구성하는 데 도움을 준다.
우리 세계는 크고 작은 진리적 명제들로 구성된 세상으로 생각할 수 있다. 아포리즘은 우리들의 생활과 밀접한 크고 작은 진리적 명제들로 이해할 수 있다. 진리적 명제를 수학에서는 '공리'나 '정리'라고 한다. 모든 세계는 공리나 정리의 체계로 표현할 수가 있는 것이다. 우리는 이 세상의 수많은 이치를 모두 알 수는 없고 또 그럴 필요도 없지만, 요구되는 만큼의 이치와 지혜를 '원리적 앎'을 통해 얼마든지 알 수가 있다. 무엇보다 성실하고 좋은 삶의 태도는 그것에 집중하게 한다.

세계는 하나의 큰 진리체계로도 볼 수가 있다. 우리의 삶은 이 진리체계를 쫓아가는 과정인 셈이다. 즉 진리체계를 나의 인식체계가 쫓아가는 방식이다. 우리의 앎은 이 두 세계를 가깝게 일치시키고자 하는 노력으로 볼 수가 있다. 이 두 세계가 가까워질수록 우리의 삶은 풍부해지고 윤택해지며 편리해짐을 알 수 있다. 복잡고 어려워 보이는 우리 삶은 이렇게도 이해할 수 있는 것이다.

우리가 매 순간 하는 생각과 일생을 두고 하는 노력도 내 밖의 진리체계와 내 안의 인식체계를 일치시켜 균형을 얻는 과정이다. 내 밖의 세계와 내 안의 세계가 자연스럽게 맞아질 때 우리는 자유와 행복을 느낀다. 그래서 이 두 세계를 이해하기 위해 가능한 정확한 지식과 정보를 얻으려고 노력한다. 특히 복합적 원리로 구성된 인문 사회의 영역에서는 더욱 판단과 선택의 유연성이 요구된다고 할 수가 있다.

우리의 앎은 '진리적 명제'를 발견하는 과정으로 볼 수가 있다. 이 과정에서 자신의 인식 세계를 넓혀 간다. 이것은 반복적인 과정이므로 '진리적 명제'들을 체계화해 놓으면 다양한 영역에서 자유롭게 사용하기가 쉽다.

자신의 아포리즘을 만드는 것은 자기가 생활 속에서 터득한 공리 axiom들을 통해 자신의 '인식체계'를 충실하고 풍부하게 마련하는 작업이라고 할 수가 있다.

\- 메타 인문학 1.0 p 245, 367

아래 밴드에서 '페이지 업데이트 서비스'를 받을 수 있습니다.

메타인문학 Cafe

band.us/@humanature